创拓集

广西艺术学院广告学创新创业教育成果集

汤晓山　申雪凤——主编

GUANGXI NORMAL UNIVERSITY PRESS
广西师范大学出版社
·桂林·

图书在版编目（CIP）数据

创拓集：广西艺术学院广告学创新创业教育成果集 / 汤晓山，申雪凤主编．—桂林：广西师范大学出版社，2017.3

ISBN 978-7-5495-9515-0

Ⅰ．①创… Ⅱ．①汤…②申… Ⅲ．①广告学—文集 Ⅳ．①F713.80-53

中国版本图书馆 CIP 数据核字（2017）第 021225 号

广西师范大学出版社出版发行

（广西桂林市中华路 22 号　邮政编码：541001）

网址：http://www.bbtpress.com

出版人：张艺兵

全国新华书店经销

广西金考印刷有限公司印刷

（南宁市高新三路 3 号广西印刷工业城 11 号厂房

邮政编码：530007）

开本：787 mm × 1 092 mm　1/16

印张：11.5　插页：16　字数：213 千字

2017 年 3 月第 1 版　2017 年 3 月第 1 次印刷

定价：40.00 元

前　言

“创拓集”集“创新”（Creative或Innovation）和“拓展”（Expansion）立意。“创新”一词起源于拉丁语，意指一种以新发明、新思维、新想法和新描述为特征的概念化过程；“拓展”则指一个通过亲身经历来实现学习和掌握技能的过程。

《创拓集》是广西艺术学院影视与传媒学院广告学专业教学团队的教学改革成果的汇编，也是教师们教育成果和教学反思的一个阶段性总结，更是教育教学智慧的结晶。广西艺术学院影视与传媒学院广告学专业的教师在实践中不断反思，在反思中不断实践，并由此绽放出远见卓识，集成锦心绣肠之文章。

本论文集分为两大部分，前一部分是教师们辛勤撰写的学科教改论文，共22篇；后一部分是教师指导学生创作的优秀作品赏析，共11组。围绕着“创新”和“拓展”，广西艺术学院影视与传媒学院广告学专业的教师们创意不竭，拓想不息！

目　录

广告学论文类成果

学 生 作 品 类 成 果

广告学论文类成果

中国—东盟背景下广西创新型、应用型广告人才培养研究

汤晓山

摘要：中国—东盟背景下的广西创新型、应用型广告人才的培养，关键在于了解当下广西广告教育教学现状以及社会对广告人才的需求，运用创新思维开展广告教育教学改革与实践。本文主要对当下中国—东盟背景下的广西广告人才教育教学、社会需求等进行分析，探讨广西创新型、应用型广告人才的培养理念、教学改革、实践教学的创新模式以及广告教育国际化的思路。

关键词：广西广告教育　教学改革　创新　实践　人才培养

中国—东盟背景下的创新型、应用型广告人才的培养，需要根据广西社会对广告人才的要求以及对广告人才的需求状况进行有针对性的思考，找到有效的培养思路以及办法，以满足广西经济、文化发展对广告人才的需求。

一、关于中国—东盟背景下广西广告人才需求的思考

从2003年至今，中国—东盟博览会在广西南宁已成功举办十届。在中国—东盟博览会上我们可以看到，中国与东盟在工业、农业、贸易、旅游、服务、文化等各领域的

合作正广泛开展。纵观世界经济的发展形势，区域经济一体化与经济全球化已成为当今世界经济发展的两大潮流。2010 年 1 月，中国—东盟自由贸易区（CAFTA）建成，至今已有三年。中国与东盟国家在政治、贸易、投资、金融、文化教育等领域的合作都有了较大的发展，而这些领域都会成为广告业的增长点，它们对于广告人才的需求也在不断增加。广西地处中国华南经济圈、西南经济圈与东盟经济圈的结合部，是中国与东盟国家唯一既有陆地接壤又有共同海上通道的省区，区位优势得天独厚。在大力推动中国—东盟博览会的十年里，广西得以更多地参与国际国内区域合作，成为多区域合作的一个重要交汇点，也早已成为中国与东盟合作的最重要的平台。从这个背景来看，广西对人才的需求也呈现出多元化的发展趋势。广西高校的广告学专业以及相关专业如何抓住这一得天独厚的地域人才需求优势，如何更有效地培养在中国—东盟各项合作中发挥重要作用的创新型、应用型广告人才，是每一位广告学教育者及其相关专业教育者应思考的问题。在广西壮族自治区人民政府颁布实施的《广西壮族自治区中长期教育改革和发展规划纲要（2010—2020 年）》（以下简称纲要）以及《全面提高教育质量振兴广西高等教育的若干意见》（以下简称意见）中都提到“培养中国—东盟合作各领域高级专门人才，使广西成为中国—东盟合作国际化人才的培养基地”。在纲要和意见中还特别提出了“建设面向东盟的教育国际交流与合作高地”的要求。这就使我们必须思考广西的高等教育如何面向东盟，如何进行与东盟国家相关学校、专业的交流，我们的教育教学水平是否能够建设起面向东盟国家的交流与合作高地。无论如何，国际化是广西高等广告教育的发展趋势，我们需要早作准备。而创新型、应用型广告人才是现代社会广告学界对人才的基本要求。

作为一名在广西从事高等广告教育二十多年的教师，笔者深感广告教学应该抓住这一难得的历史机遇，思考教学改革的创新方案，为中国与东盟的各方面合作，特别是为广西、与东盟国家的多区域合作培养出能够跟得上时代发展的创新型、应用型广告及传播人才，为广西与东盟合作以及广西文化经济发展的各项建设作出新贡献。因此，对于广西创新型、应用型广告人才培养的研究与实践就显得非常必要和紧迫了。在这一课题研究过程中，笔者研究了第五届全国大学生广告艺术大赛（以下简称“大广赛”）广西赛区的各参赛院校情况，对广西高等广告教育有了一定的了解，并组织了广西艺术学院影视与传媒学院广告学专业的师生对符合社会需要的人才模式以及学院培养的广告学专业的毕业生进行了问卷调查，从调查研究的相关数据中可以看到社会对创新型、应用型广告人才的需求状况。无论在何种环境与背景下，创新型、应用型专业人才是社会发展的根本动力，广西的广告教育教学工作者应该成为创新型、应用型广告人才的培育者。

二、广西广告人才培养与社会需求现状

（一）从学生专业大赛看广西广告人才培养

中国的高等广告教育是从 1983 年厦门大学率先创办广告学专业开始的，其他一些院校也随之陆续开设了广告学专业。广西在广告学人才培养的进程上与全国相比并不落后，1993 年广西艺术学院与广西大学在广西同时率先创办广告学专业，当时全国开设广告学专业的院校只有五十多家。20 世纪 90 年代后期开始，广西各高校的艺术院系、新闻传播院系都陆续开设了广告学专业或在相关专业中加入广告课程。随着经济的发展以及广告业人才需求的不断增加，广西各高校的广告教育也随之开展得轰轰烈烈，但是正如 2005 年中国传媒大学张树庭在进行中国广告教育研究时所说："广告作为一个专业，在国内也不过近 20 年的时间，大部分高校处在'摸着石头过河'的阶段，学科自身的理论建设还很不健全，大部分是从其他相关学科的理论中拼凑而来……"[①] 广西的高等广告教育在 2000 年前后就已陷入了这样的困境。在 20 世纪 90 年代即广告教育进入广西各大高校初期，广西大部分院校的广告教学就是在课堂中以虚拟项目进行教学的，理论与实践很难挂上钩。而当时广告教育要与广告业界形成良好的互动与合作，培养出具有较强实践能力的广告人才，是广告教育者必须承担的责任和不可回避的挑战。因此，广告学专业要成功培养社会需要的人才，必须找到一条与社会结合的实践道路和平台。由此，针对大学生的广告大赛应运而生：根据广告教育的需要，台湾《中国时报》1992 年创办

① 张树庭：《广告教育定位与品牌塑造》，第13页，北京：中国传媒大学出版社，2005年。

了面向各大中专院校学生的广告创意大赛——“金犊奖”，于1998年进入中国大陆并开始面向全球华文广告学生办赛；随后，1999年中国广告协会也创办了中国大学生广告节学院奖大赛；2005年教育部高教司主办了全国大学生广告艺术大赛。这些大赛为高校广告教育提供了一个良好的教学改革基础，使高校的广告教学有了一个与广告业界保持良好互动的、课程与社会项目相结合的以及广告理论与实践教育教学改革并进的优良平台。在2002年，广西艺术学院广告学专业教师率先进行了广告学专业的教学改革，将“金犊奖”“学院奖”等大赛引入课堂，结合大赛和企业实际选题进行广告的相关课程教学，并进行了教学改革的探索。随后，广西大学等学校也开始陆续参加各类广告大赛。从2005年教育部高教司主办的第一届“大广赛”开始，广西艺术学院广告学专业即已把大赛列入该专业人才培养方案和教学大纲中。迄今为止，根据历届广西高校各类学生大赛参与的统计，广西各高校参加最多的就是“大广赛”。这一大赛使学校、教师、学生们都进入了广告教育与社会实践相结合的教育教学改革的思考当中。表1是2013年第五届全国大学生广告大赛参赛院校广告学及相关专业教学设置的情况，我们可以从中看到广西各大专院校开设广告学专业及广告学相关课程的情况。

表1　广西高校广告学专业及相关专业开设广告学相关课程的情况

第五届“大广赛”广西参赛学校及院系	有广告学专业的学校	有广告设计专业（含广告设计与制作专业）的学校（含一个学校两个院系都设置该专业的）	在其他专业（方向）中设置了广告（设计、策划、影视广告等）课程的学校（含一个学校多个专业都设置了相关课程的）	无广告学专业又无广告相关课程的学校
44所高校 70个二级院系	7所高校	21所高校（其中2所高校中2个院系设有该专业）	32所高校（含视觉传达、平面设计、装潢设计、编导专业、营销策划等专业或方向，具体数据略）	2所高校

“大广赛”每两年举办一届。该赛事旨在激发学生的创造性，促进教学中广告理论与实践相结合，促使课堂与市场实际运作接轨，并为广大教师更新教学观念、改变教学方法提供一个优秀平台。首先，大赛采用社会企业的真实项目进入选题，企业根据自身市场战略需要制定创意策略单，由学生在指导教师的带领下像广告公司的运作一样进行广告创意。学生可以从实战中学到企业实际运作中需要的各种能力，而教师在指导学生作业的过程中，也必须像企业家、广告公司策划创意人员一样思考，并把理论与实践相结合进行教学，这无疑考验着教师们的各种专业知识、理论及技能、审美、执行等各方面的教学能力。其次，在各省由省教育厅选定分赛区承办学校。目前，全国已有27个分赛区，采取一个赛事两次评奖的方法，各分赛区进行第一轮评审，先评选出20%—30%的作品，再从中评出优秀及等级奖作品，并将这些作品进行全国评比，在全国各分赛区送评的作品中评选出优秀及等级奖，这样就把学生的自主学习积极性充分调动起来。以广西艺术学院为主的广西部分高校从第一届“大广赛”创办就开始参赛。第三届“大广赛”由广西教育厅委托广西艺术学院成立了广西分赛区（前两届广西统一在广东分赛区参评）并由广西艺术学院承办分赛区的评审工作。在2009年第三届“大广赛”中，全区参与的高校仅有25所，作品共1995件；2011年第四届参赛的高校增加到35所，作品共3870件；2013年第五届参赛学校达到44所，作品达到5092件。参加第五届“大广赛”的高校已超过广西目前76所高等学校（广西教育厅2010年统计[①]）的一半多。参与学校的不断增加说明广西大部分高校的文科类、艺术类专业的领导和教师们都感受到了“大广赛”对于学生的创新能力、实践能力的有效培养，从而在教学中积极引入大赛实践教学并探索教学改革的途径。

从2013年全国第五届大学生广告艺术大赛广西分赛区所收到的各高校的广告作品中可以看到，全区共44所高校的学生递交了广告作品，其中有22所为高职高专院校，作品总数为5092件，参赛学生人数一万多人、指导教师一千多人，说明了广西高校广告学专业及相关专业的教师对广告教学的重视，广西已经拥有了较好的广告人才培养土

① 广西教育厅官网 http://www.gxedu.gov.cn/Item/250.aspx.

壤。从表 2 中可见，获广西优秀奖以上的学校有 40 所，只有 4 所学校未能获奖。获奖率在 20% 以上的学校有 19 所，其中本科高校占 13 所，本次评审从全部作品中评出平均 23% 的优秀作品选送全国评选。通过对广西历届送评作品以及获奖情况的比较发现，广西高校学生参与广告大赛的热情很高，参赛人数不断增加，这是广西广告创新型、应用型人才培养的基础。广告作业不仅是一种创意型作业，也是教师指导学生作业的一个过程，如果教师指导不到位，学生的创意与执行也很难到位，学生作业过程可以反映出教学水平与学习水平。因此，参赛学生的作品可以作为广西高等广告教育教学的一面镜子，能够直观地反映出广西高等广告教育的情况。

表 2　广西赛区高校分赛区获奖情况统计略表

（单位：所）

广西参赛学校数	获优秀奖 25% 以上学校数	获优秀奖 25% 以下 20% 以上学校数	获优秀奖 20% 以下 10% 以上学校数	获优秀奖 10% 以下学校数	未获奖学校数
44	11 （其中高职 5）	8 （其中高职 3）	15 （其中高职 8）	16 （其中高职 4）	4 （其中高职 2）

数据来源：“大广赛”广西赛区组委会

从广西赛区历届评审的情况以及笔者通过调研获得的各高校开设的广告学课程和设计课程来看，虽然大部分平面设计、视觉传达专业或方向都开设“图形创意”“广告设计”“版式设计”等课程，但是在选送的广告作品中，其优劣的差异性却比较大，这也说明了教师指导的专业水平、授课内容以及教学方法的优劣差距大。广西各开设广告学及相关专业的高校虽然都比较重视创新型、应用型广告人才的培养，但除了少数几所高校艺术教育时间较长且教育观念较为先进外，大部分学校在创新型、应用型广告人才的培养思路和培养方法上都还不尽人意。笔者曾任两届全国“大广赛”评委，从学生提交的广告创意作品中看到，广西高校学生的作品与国内发达地区的高校相比，在观念、思路、方法等方面都还存在较大的差距。在学生的作品中，我们也可以看出广西高校的教学方法和教学水平。通常获奖比例大的学校，其作品的创意思路较宽，反映出教师的教学思路也相对较宽，教师在教学中的水平也较高。目前，广西只有 19% 的高校在广西赛区获奖率超过 20%，其中高职院校还不到一半。多年的教学经验告诉我们，有一半以上学校的教师在广告学教学中尚未找到与培养创新型、应用型人才相适应的办法。

由于历史、社会、文化的原因，广西的经济、社会、文化等方面的发展与发达地区的确存在较大的差距，特别是在观念方面比较明显。从本次全国“大广赛”公示的获奖作品来看，广西只有 16 件作品获得全国等级奖，虽然比西部其他地区成绩优秀许多，但远远低于北京、广东、上海等发达地区。笔者在多年的广告教学过程中也发现，广西学生的视野相对较窄，从而导致对事物的看法角度单一，虽然经多方引导，但最后拿出来的作业还是不够理想，这对广告行业的人才培养来说是极为不利的。因此，研究广西高等教育创新型、应用型广告人才的培养就显得十分重要了，特别是在中国—东盟自贸区这一大背景下显得尤为紧迫。

（二）广西广告学专业人才社会需求状况调研

创新型、应用型广告人才的培养，社会需求是关键。现阶段社会需要的是什么样的广告人才？社会对广告人才的素质能力要求又有哪些？针对这些问题，笔者组织了广西艺术学院影视与传媒学院广告学专业的教师团队于 2012 年 12 月至 2013 年 5 月开展了广告人才社会需求调研活动。调研活动使我们对现阶段用人单位的广告人才的需求状况、对人才各项素质的要求有了较为准确的了解，从而对培养创新型、应用型广告人才的实践起到了很好的指导作用。调查样本取自广西艺术学院的毕业生所在单位以及毕业生。因为广西艺术学院是于 1993 年第一个在广西开设广告学本科专业的学校，迄今为止已经毕业了十多届学生，因此该项调研具有一定的代表性。

此次广告人才社会需求调研活动分两个阶段。第一个阶段是毕业生用人单位问卷调查，旨在了解广告人才的社会需求状况、用人单位对我院广告学专业毕业生的评价以及用人单位对广告人才素质和能力的要求；第二个阶段是毕业生问卷调查，旨在了解我院毕业生毕业后在工作中需要补充的知识、能力和素质以及工作单位对他们各种能力的要求。本文只对与本次调查相关的广告创新型、应用型人才培养的问题进行分析。

首先是用人单位问卷调查，共面向 42 个我院毕业生的用人单位发放了 122 份调查问卷，回收调查问卷 122 份。

（1）调查的覆盖面涉及民营企业、广告、设计、创意公司、广播、电视、出版传播等单位，公务员以及机关单位是调查样本中排在前四位的单位。如图 1。

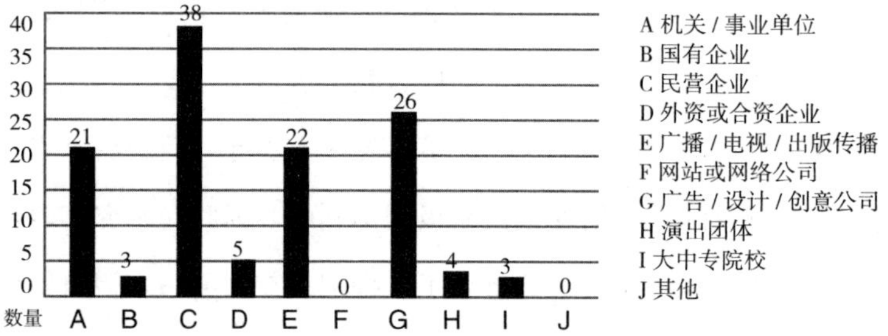

图 1　毕业生所在单位性质及数量

（2）在用人单位对我院学生的基本评价中我们可以看到，虽然总评价的满意度达到了 87%，但是在具体评价中，大部分满意的选项都在 65% 左右，也就是说刚刚及格。专业能力和动手能力的满意率也只有 68%，而创新能力、理论水平和抗压能力就只有 50%—60%，其比例还是较低的，如表 3。

表 3　用人单位对广西艺术学院广告学专业学生的评价

评价	总评价	理论水平	专业技能	动手能力	创新能力	团队精神	沟通能力	学习能力	抗压能力	组织纪律
满意	87%	51.6%	68.8%	68%	61.5%	79.5%	69.7%	82%	57.4%	64.8%
一般	13%	48.4%	29.5%	31%	36%	20.5%	30.3%	18%	41.8%	32.7%
不满意	0	0	1.7%	1%	2.5%	0	0	0	0.8%	2.5%

（3）用人单位最看重毕业生的素质有七项，依次是专业知识技能、人际沟通能力、团队协作能力、心理素质、学习能力、创新能力、社会实践能力。由此可知，用人单位最看重的是专业知识和技能，同时其他六项也是用人单位看重的素质，而这些素质和能力又是个人可持续发展不可或缺的能力，如图 2。

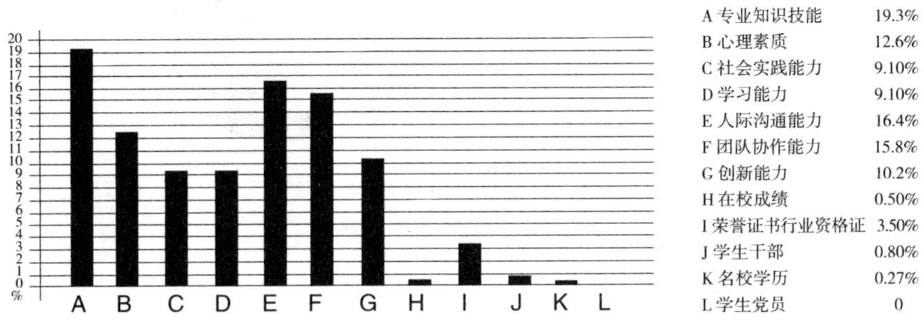

图 2　用人单位最看重的毕业生素质

（4）用人单位对我院课程设置的建议是：第一，加强与实践基地合作的课程、实践类课程建设使其占全部课程的 44%；第二，提升学生人文、社会和艺术素质的课程至 22%；第三，加强与地方特色文化产业结合的课程至 17%。而专业技能需要提高的方面只占 14%，说明学校在培养人才的专业技能方面尚可，如图 3。

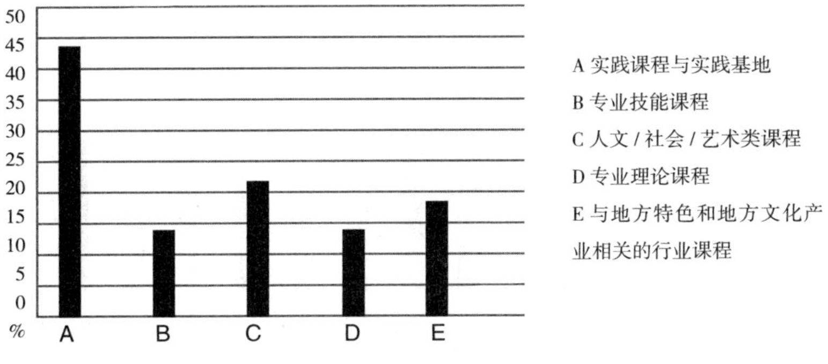

图 3　用人单位希望我院加强的课程设置

其次是广告学专业毕业生问卷情况分析，广告学专业共有毕业生 515 人，随机发放问卷 123 份，回收问卷 123 份，有效问卷 114 份，有效率达 92.7%，调查效果可信度较好。

（1）毕业生所从事工作与本科专业对口度较高，达到 62%。说明广西艺术学院广告学专业培养的学生大多数能够在社会上找到与专业对口的单位，而专业不对口的学生同样能够找到相应的工作。经历年学院统计，我院广告毕业生的就业率在 99% 以上，如图 4。

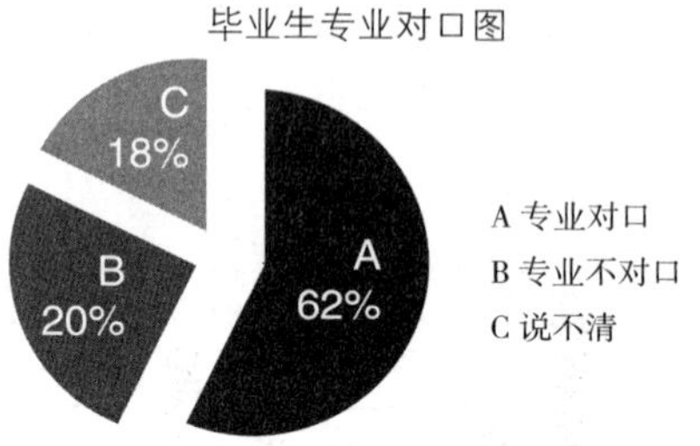

图 4　毕业生的工作与专业对口度

（2）毕业生所在单位部门范围较广，宣传设计部门最多，占 32%，其次为组织策划部门，占 19%，行政管理部门位居第三，占 14%，如图 5。

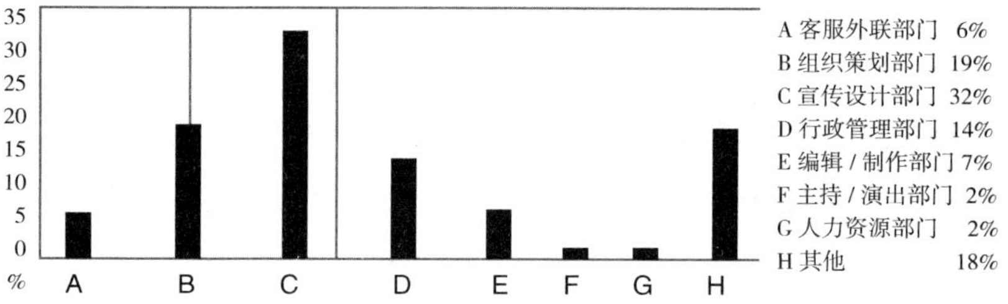

图 5　毕业生所在单位部门情况

（3）毕业生认为目前自身素质均有提升的空间，其中对知识面广度提升的要求最为迫切，其次是对专业技能、创新能力、沟通能力、学习能力、组织纪律等素质能力的提升，如图 6。

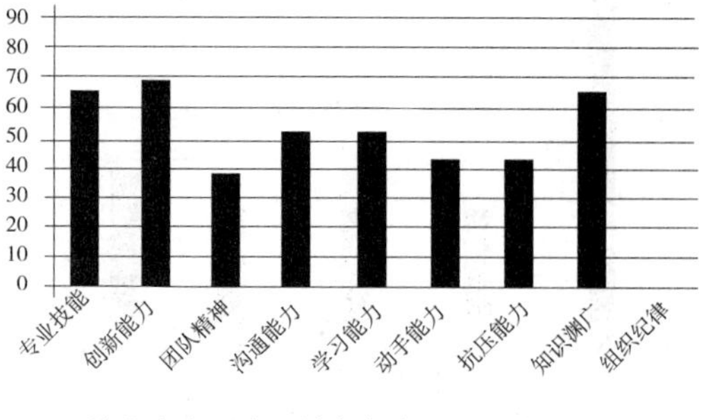

图 6　毕业生自认为目前自身素质可提升的空间

（4）在毕业生所在单位重视的素质能力中，对个人综合素质的要求最高，其次为专业技能，人际沟通能力、实践工作经验、团队协作能力、动手能力等素质能力也作为其考核标准，如图 7。

（5）毕业生在目前岗位上最急需补充的知识分别为：现从事工作专业技术、企业管理基础知识、财务基础知识、社会适应基础知识、所学专业技术知识、电脑软件技术等，如图 8。

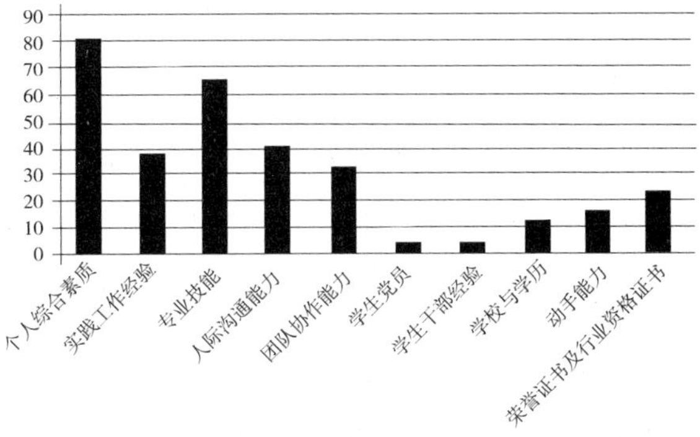

图 7　毕业生所在单位重视的素质与能力

（6）毕业生结合自身的工作经历，认为我院毕业生还需提高以下能力，其中社会实践能力提及率最高，占 13%，其次为专业技能和知识面拓展能力，分别占 12% 和 10%，如图 9。

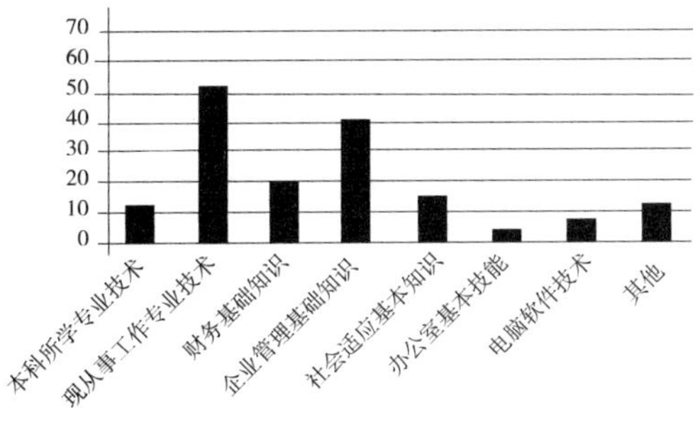

图 8　毕业生认为自己最急需补充的知识

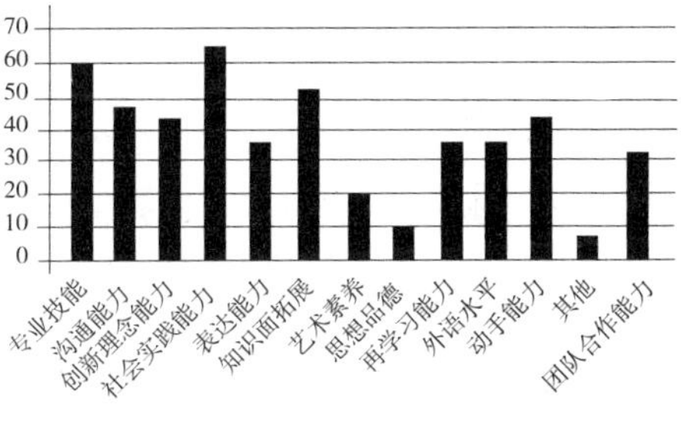

图 9　毕业生认为我院学生还需要提高的能力

（7）毕业生特别希望学院加强的课程为实践课程，占 50%；其次为增加专业技能课程和人文、社会及艺术类素质课程分别占 16% 和 15%，如图 10。

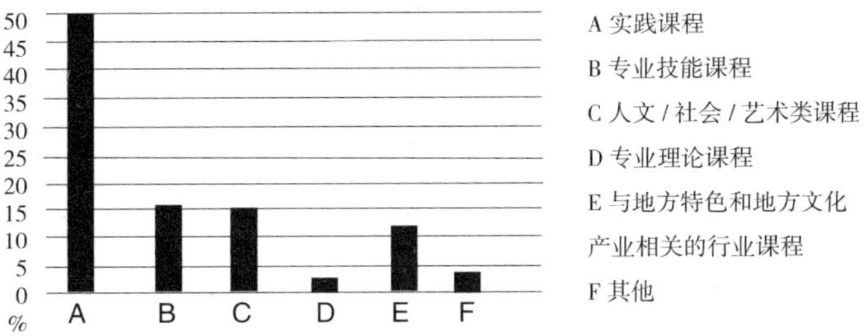

图 10　毕业生希望学校加强的课程

（三）广西广告教育教学存在的主要问题

从广西广告教育现状以及广告人才社会需求调研的情况我们可以得出以下结论：第一，广西广告教育开展较为普及，有 7 所高校设置有广告学专业，21 所高校设置有广告设计专业（包括广告设计与制作等专业），35 所高校的新闻传播、艺术设计专业开设有广告学相关课程，对于广西创新型、应用型广告人才的培养有很好的基础。第二，从第五届“大广赛”广西赛区的获奖情况以及作品情况来看，各参赛高校的广告创意教育水平有较大的差距，获奖超过送评作品 20% 的学校只有 19 所，还不到一半，其中大部分为我区大中城市高校的艺术类、设计类、传媒类院系，这类院系的艺术性和创造性教学本身就比较成熟。另外，我们也可以从参赛作品中看到教学水平的差异，教师的教学观念和水平可以直接反映在学生的作品上面。广告学是一门多学科交叉的专业，广告创意作品能够体现出传播学、营销学、心理学、艺术学、设计学、美学等多学科的面貌以及作者对消费者洞察的水平，教师自身的素质与能力在指导学生进行广告创意时可直接反映到指导学生作品的结果上面。因此，广西广告教育教学水平要提高，教师队伍的素质比较关键。第三，从广西艺术学院广告学专业所进行的广告人才社会需求调查结果来看，社会上对于广告人才的需求还有很大的空间，对于高校培养的广告人才在综合素质、知识拓展以及实践能力等方面要求较高，特别是实践应用能力的提高，在对用人单位的调研以及毕业生的调研中得知，他们对这一要求的比重在所有要求中占比一半左右。这与广告人才培养的“知与行”以及创新型、应用型人才目标是一致的，其实也是对广告教学的基本要求。

三、中国—东盟背景下创新型、应用型广告人才培养的对策

国务院总理李克强在第十届中国—东盟博览会上提出了以下几项合作倡议：“一是打造中国—东盟自贸区升级版；二是推动互联互通；三是加强金融合作；四是开展海上合作；五是增进人文交流。”中国—东盟博览会秘书处秘书长、广西国际博览事务局局长郑军健认为：“中国—东盟‘10+1’合作的基础上，积极面向‘10+6’服务，第 10 届博览

会将举办‘10+6’专场活动；拓展合作领域，在服务商品贸易的同时，进一步服务好投资合作、服务贸易、次区域合作、互联互通、产业园区合作开发等；拓展开放带动功能，继续在广西打造中国—东盟合作的商贸基地、物流基地、加工制造基地和信息交流中心，更好地发挥合作平台和双向交流的作用，服务中国—东盟各领域、各层次的互利合作。”① 这些都表明了中国与东盟的各项合作还将更宽更广，而其中打造中国—东盟升级版以及增进人文交流，在广西打造信息交流中心等内容，更说明广告人才在其中具有广阔的发展空间。我们培养出具有国际化视野与创新精神的应用型人才，可以更好地服务中国—东盟各领域、各层次的工作。另外，广西广告业也随着中国—东盟自贸区各个领域的发展正加快走向国际化的步伐，需要更多具有发展意识的创新型、应用型广告人才。在这一背景下，广西的广告教育必须跟上形势，培养出能够适应中国—东盟经济文化发展的创新型、应用型广告人才。根据以上研究的问题，笔者希望分享广西艺术学院广告学专业长期以来积累的广告人才培养经验，并进一步提出创新型、应用型广告人才的培养思路。

（一）建构创新有效与可行的广告教育教学理念

要培养出创新型、应用型广告人才，广告教育工作者首先应该更新广告人才培养的教学理念。国内外有不少学者在广告人才培养的理念方面提出了自己的观点，比较典型的是广告教育专业委员会的刘瑞武在长达十年的广告办学过程中确立的应用型广告教育理念：以社会需求为中心，适应行业需要，坚持明确的就业方向，实施就业教育，开拓就业市场的教育模式。而美国科特勒营销集团总裁米尔顿·科特勒先生认为“教育者有责任培养学生追求事业，而不是追求一个永久锁定于技巧上的工作。也就是说，科特勒先生更强调广告专业的通识教育”②。以上两种观点都具有一定的代表性：前者的观点主张

① 中国东盟博览会官网 http://www.caexpo.org/html/2013/zhuantizhuanfang_0911/201488.html.

② 戎青、郑丽勇：《广告教育的焦虑：2010广告前沿问题国际学术研讨会综述》，《现代传播》，2010年第10期。

实践型人才的培养，强调就业；后者的观点强调综合素质以及知识面的宽度，更注重人的素质的提高。其实，广告教育教学可以结合上述两种具有代表性的观点来进行，因为广告的教育教学是“知与行”并重的教育与教学。

经过多年的广告学专业教育教学实践与思考，笔者在 2009 年第一次提出了广告教学的“一二三”教学理念，即“一个中心”：以创造性思维培养为中心；“二个平台”：以市场项目为平台，以学生大型比赛为平台；“三个结合”：在课程中实现多学科交叉结合、与素质教育结合、与大学生就业创业能力培养结合。这一理念被运用在近几年的教育教学活动实践中，取得了较好的成绩，培养出了一批能够适应社会并具有综合素质的广告人才，本次广西艺术学院影视与传媒学院的广告人才社会需求调研证明这一理念的实施取得了一定的效果。“一个中心”的创造性思维是一种创新意识，这种意识转换成行为，体现在教师在课堂中以培养学生的创造性思维为主。教师同样应具有创新意识，在授课过程的每一个环节都应该能够体现创造性，培养学生逐步养成创新意识与创造性思维模式。“二个平台”就是实践应用型平台，学生在这两个平台中得到充分的专业技能、团队合作、综合素质等各方面的提升，教师也同样在这一过程中得到良好的综合教学能力的锻炼与知识的提升。“三个结合”是在“一”和“二”的基础上体现教学上的进一步要求。教学中结合社会学、传播学、公共关系学、心理学等关于人的知识以及专业的创作和艺术、客户关系、媒体技术、市场营销、广告知识及经验等多学科交叉知识来展开，结合人的综合素质提高进行教学，结合社会就业要求进行教学，从而使学生、教师在知与行两方面都能够得到很好的锻炼。这一理念的建构使广告人才的培养与教学有了良好的定位与目标。

（二）创新课程设置与教学方法改革

在教学过程中以及教学方法上，广西艺术学院影视与传媒学院广告学专业在“一二三”教学理念基础上，通过教学实践，摸索出了一套行之有效的 CIGE 课程设置与教学模式，取得了良好的效果。“CIGE 模式”即创新（Create）、互通（Interwork）、团队（Group）、实效（Effect）。广告学专业在创新型、应用型人才培养过程中赋予了其具体的含义：

（1）创新（Create）——培养具备创新精神的广告人才。把创新意识融入课程设置、融入教学过程，融入教学方法，就能很好地培养学生的创新能力。一是围绕创新型人才培养体系，在课程设置上形成创新模块，其中包含了基础知识课程模块、交叉知识课程模块，培养学生的创新意识和创新能力，以适应广告实际操作程序的复杂性和多元化的市场需求。二是在教学中不断摸索创新教学方法，进行教学改革，吸引学生能够自主学习与创作。

（2）互通（Interwork）——课程与课程之间互通、有机连接。一是在课程设置上，广告学专业除了依托艺术类院校的优势资源，更注重各门课程内涵及外延的关联、互通。大部分课程能建立相关的知识链，循序渐进，不割裂。课程与课程之间进行有机的链接，相互交叉渗透，低年级的基础课程是为高年级的主干课程铺垫，属于专业方向内的课程彼此紧密结合。二是在教学过程中，教师之间的互通，使前一课程与后续课程之间能够相互联系，教师们能够更好地了解学生情况，在教学中做到心中有数。三是课堂、教学与社会互通，课堂中邀请业界资深人士参与授课，将课堂内容与广告业界的动向结合，理论与实践结合。

（3）团队（Group）——一是在教学中注重学生团队精神的培养。广告行业是服务行业，需要与客户的沟通交流，更强调自身团队协作精神。在实践课程阶段，作业以小组形式完成，并且要团队联系社会项目，在整个教学课程过程注重培养团队协作精神，以小组团队协作完成的效果为评分权衡重点。二是在一些专业实践课程中，广告学专业的教师同样组成团队，多则三人，少则两人，共同承担二到三个班的教学。教学中教师们的知识、技能与教学方法可以互补，协作完成教学任务。

（4）实效（Effect）——侧重课程教学的实效性。学有余而术不足长期以来都是广告教学难以突破的瓶颈。创新型、应用型人才培养的关键是使学生加强实践能力，在校期间就能参与并胜任社会项目的营销、设计与策划工作。因此，广告人才培养方案中的课程设计将社会实践及实践课程内容贯穿整个教学过程。与校外教学实践基地开展深度合作，进行校企联合办学。教学过程中邀请实践基地企业一线的总监带项目来我院给学生讲授实际项目运作过程，并指导学生参与项目的实际运作当中，在社会项目中锻炼学生理论与实践结合能力及对项目的实际操作能力。通过实效教学，使广告学专业培养的学生真正达到用人单位的要求，成为可用、能用、好用的创新型、应用型广告人才。

（三）实践竞赛教学，促进教学改革

从广西各高校参与全国大学生广告艺术大赛的情况来看，只有部分高校能够重视并积极引入大赛进行广告教育教学，多数高校则由学生自己参与大赛。后一种参与方式对于创新型、应用型广告人才的培养而言，等于缺了一条“手臂”。实际上，在专业教学中导入各级广告专业赛事，通过“以赛促学、以赛看学、以赛助学”以及“以赛促教、以赛看教、以赛助教”的实践教学方式，能较好地增强学生的社会实践能力和适应能力，提高学生专业素养和广告创新应用能力，是一种非常有效的教学方式。这一教学方式可以与企业实际项目进入课堂教学进行互补，而且在某种程度上来说可以更好地在课堂中进行教学。

在专业竞赛中教师们同样可以引导学生按照广告公司作业方式进行团队作战，让全国大学生广告艺术设计大赛、“金犊奖”华人地区大学生广告大赛、“学院奖”、国际青年创意大赛（ONE SHOW）等多项专业赛事成为广告学专业的学生创新应用能力提升的大舞台。实施竞赛教学法一方面可以在教学中引导学生通过与全国大学生甚至业界的广告从业者进行比赛，让学生了解自己的水平，并通过获奖增强其信心；另一方面，让学生在低年级就参与到比赛中，能更好地培养学生的沟通能力和团队协作精神，增进专业兴趣，使得学生的创新能力与专业能力得到全面发展。这些大赛都是根据征集的企业当年的实际营销传播战略来制定实际策略单，而学生们则根据选题的策略单，依照广告公司的运作方式开展调研、创意、策划活动。这里，教师的作用格外重要，教师们如同广告公司的各类创意总监，指导学生开展相应的各项活动。因此，教师们需深刻了解广告公司的运作理念、流程，并拥有广阔的社会人文知识，能够和学生们一起对企业的战略需要以及策略单进行深刻的分析，洞察消费者，同时，教师们还应具备较高的判断和识别能力、审美能力、创造能力，能够启发学生沿着相对正确的思路去进行创意、策划以

及执行。 因为广告是一门交叉学科，教师需具备多种能力。张树庭教授对广告学做了如下分析：“我们可以这样理解广告学的学科性质：广告学是一门独立的、具有多学科交叉特征的综合性应用学科。”[①] 根据学科特征和性质，广告学人才属于复合型人才，其专业本身属于多学科交叉性的知识密集型专业，涉及传播学、市场营销学、公共关系学、心理学、设计学、美学等多个领域，在课堂中引入大赛，教师在教学中运用启发式、讨论式、引导式、案例教学等多种教学方法，把多种知识交叉教学，使学生在设计创意广告作品时将理论与实际结合得更为紧密，并能牢固前期所学的各种知识。

学生的作业水平直接反映出教师的知识水平和教学水平，是对教学的一种很好的检验。广西艺术学院从2002年起开始实践竞赛教学法，在11年中锻炼了数百名学生，也使学院的教师的教学水平与知识水平得到大幅提升，学生们获得了从全国一、二、三等奖到优秀奖、入围奖等数百项奖项。通过数次大赛的锻炼以及企业实际项目的运作，学生们在毕业创作、毕业设计以及策划阶段，显得游刃有余。学生在进行毕业设计过程中成立毕业创作小组，与社会企业沟通，为企业进行广告创意设计与策划，大部分学生都能联系到企业的项目，并且让企业配合他们开展运作，大部分小组还能得到企业的相关资助。在广告的毕业展览中，学生展示了实际项目的运作效果，得到了广告业界和项目企业的认同与赞扬。因此，竞赛教学法值得在广西推广运用，能为广西创新型、应用型广告人才的培养以及广告教育教学改革提供优良的平台。

在进行竞赛教学的教学改革的同时，教师也应主动到广告业界进行学习与培训，了解广告运作的思路、流程及实际运作过程，回到竞赛教学中，就能够更好地理解企业的策略单，更有效地指导学生，也能进一步思考教学改革的方法。

（四）提高广西广告学专业相关教师的教学水平

广西创新型、应用型广告人才的培养，教师是关键因素之一。拥有懂理论、懂教学、懂专业、高素质的教师队伍，就能为广西的经济文化建设、为中国—东盟自贸区培养出

① 张树庭：《广告教育定位于品牌塑造》，第105页，北京：中国传媒大学出版社，2005年。

优秀的创新型、应用型广告人才。如前所述，目前广西各高校广告及相关教育教学的教师人数不少，但良莠不齐，能跟上全国广告教育教学水平的教师不多，更不用说进行广告教育教学改革了。因此，提高广西高校教师的素质是培养创新型、应用型广告人才的基础。可采取以下措施：一是进行广西广告教育教学教师培训，“大广赛”广西赛区组委会拟组织广西相关广告教学的教师，进行专题培训，聘请全国广告理论与实践教学优秀的高校专家以及广告业界精英集中进行专题培训；二是各高校也可以采取“请进来、走出去”的办法，进行教师队伍的素质、专业、教学改革等建设。“请进来”，即通过多种途径吸引国内外优秀广告师资以及广告业界精英来校执教、讲学等。“走出去”就是选拔优秀的青年骨干教师到国内外优秀院校进修、培训、访学等，重点是培养出一批具有国际视野、在国内具有一定竞争力的广告及相关专业学科、学术带头人和学术骨干。学校还应该积极鼓励教师参加国内外高层次学术会议，与优秀高校教师合作开展项目研究，扩大教师在国内外学术交流中的影响力。

（五）学习国际先进理念，运用国际化思维，建立国际交流平台

在中国与东盟各国的社会文化交流活动中，广告人才在其中可起到信息传播、文化创意、产业传播策划、教育教学交流、各类品牌文化建设等作用。因此，广西的创新型、应用型广告人才应具有国际化视野，并能够在当下媒体大变革的时代下发挥很好的作用。广告教育教学同样应该具有国际化观念与思路，这样我们才能培养出跟得上时代变革的国际化广告人才。但是，从广西学生的广告作品来看，广西广告高等教育离国际化还有一定的距离。杨保成与苏艳红在其论文《美国高等教育国际化的特点、经验与启示》中指出：美国高等教育国际化的经验告诉我们，一是要树立全球化与国际化的思想观念；二是完善高等教育法规及规范高等教育国际化发展；三是要重视国际化的教学内容；四是要推动教学主体在国际上流动；五是要积极开展国际合作。[①] 因此，广西的高校也应积极思考国际化思路，借鉴国际上优秀大学的办学理念与思路，找到一条符合自己大学

① 杨保成、苏艳红：《美国高等教育国际化的特点、经验与启示》，《黄河科技大学学报》，2011年第3期。

特色的可行的国际化道路。特别是综合性、交叉性的广告学专业，培养的学生更应该具备国际化视野与前瞻性，这样学生的创新能力及应用能力自然就会得到大幅度提升。具体思路如下：首先，树立高等广告教育教学的国际化教育观念，借鉴国际先进教育理念，特别是一些广告教学发达的国家与地区，如美国、中国香港、中国台湾等地的广告教育理念与方法，并借鉴国际化创新人才培养模式，培养全球视野的创新型、应用型广告人才。其次，重视国际化师资队伍建设以及教师的国际化交流与合作。教师队伍的国际化与专业化是广告教育国际化能否取得预期效果的关键因素。再次，增加国际化的广告课程内容。如跨文化广告传播、国际广告文化比较、国际广告法律法规等具有国际特色的选修课程，注重广告学科专业与相关学科专业的交融，注重教师、学生语言沟通能力的培养。鼓励高校积极引进、改编或借鉴优质的原版教材，培养学生的国际意识与合作精神，增进学生对不同国家、不同文化的认识和理解。最后，增强与东盟国家和广告业发达国家的相关大学交流与合作的力度，建立全方位、多层次、实质性的合作，积极引进国外高水平的优质广告课程，加强与国外高水平大学的深度合作，设立广告教学科研合作平台，联合推进高水平的广告研究。与相关国外高校合作开展大学生广告大赛活动，推动教师与学生的国际化意识。

四、结束语

中国—东盟背景下广西的创新型、应用型广告人才的培养，需要创新，需要不断探索，更需要不断实践才能寻找到优化有效的教育教学改革方法，高质、有效地培养社会需要的创新型、应用型广告人才。这需要广大高校广告教育工作者共同参与，构建起广西创新型应用型广告人才培养体系。本文旨在通过对广西广告教育教学和广告人才社会需求的调查研究分析，通过对广西艺术学院广告学专业的阶段性教学改革尝试所获得的成果以及笔者近些年的广告教育教学改革的思考与读者进行分享，还对广西广告人才培养的一般状况及存在问题进行分析，提出笔者的观点，抛砖引玉，以使广西的广告学及相关专业的教育教学工作者思考广告教育教学的改革，并希望同行们能够提出更多的广告教学改革思路和方法，共同为广西的经济文化建设以及中国—东盟自贸区经济圈，培养出更多的社会需要的、可用的、好用的创新型、应用型广告人才。

参考文献：

[1] 陈培爱. 中国广告理论探索三十年之中国广告教育30年回顾[M]. 厦门：厦门大学出版社，2009.

[2] 郑军健. 十载合作 再创辉煌[EB/OL]. 中国东盟博览会官网. http://www.caexpo.org/html/2013/zhuantizhuanfang_0911/201488.html.

[3] 阳翼，万木春. 大陆和港台地区的广告教育之比较[J]. 东南传播，2009(8).

[4] 吴国华. “建筑师”？“工匠”？两者都是抑或两者都不是？——美国广告教育杂谈[J]. 现代广告，2013(17).

（本文为广西壮族自治区教育厅2011年度新世纪广西高等教育教学改革工程重点立项项目“中国东盟背景下的广西创新型应用型广告人才的培养研究”研究成果，项目编号2011JGZ039）

论“广告创意”课程教学与创新

汤晓山　丁　洁

摘要：课程教学的创新与改革是现代高校必须面对的问题。文章根据笔者长期的教学实践，就“广告创意”课程教学的创新与改革提出了自己的观点，指出课程教学改革首先是观念的更新，其次是制定创新而适用的教学模式，并配以相应而又灵活的教学方法，这样课程教学才会取得较好的效果。

关键词：广告创意　课程教学　创新

“广告创意”课程是教学生如何产生良好的创意、为广告企业服务的课程。做好广告作品，关键靠创意，好的创意来源于创意前后的各项工作和广告人的天性和悟性。在长期的课程教学中我们发现，教书育人，是培养优秀广告创意人员的前提。“广告创意”课程教学首先要树立正确而创新的教学观念，明确教学目标定位，运用创新的教学方法，注重学生素质和能力的提高，这样才能真正教好这门课程。

一、“广告创意”课程教学观念的创新

“广告创意”课程是广告学专业一门重要的专业课，是相关专业的必修或选修课程，

要求学生掌握创造性思维的方法，并与创意的基本技能结合在一起，系统地了解广告创意与企业营销的关系，运用广告学、图形创意、广告文案等知识和广告创意原理进行广告创意。通过课程的学习，使学生了解、掌握广告创意的基本理论与具体方法，产生真正适合企业营销策略的有效的广告创意。但经过长期的教学实践和对大学教育的研究，笔者认为，在教学的过程中还应该培养学生的创意素质和修养，也就是说，应该在教学中着重让学生树立创造性解决问题的思路和办法，并解决实际问题，这才是“广告创意”课程教学的本质。因此，我们确立了“一个中心，二个平台，三个结合”的课程教学观念和教学目标。

“一个中心”：以创造性思维培养为中心。在课程教学的每一个环节，始终以学生的创造性思维培养为中心任务，使学生学会在解决各类问题的同时运用创造性思维的方法对问题进行思考，并提出具有针对性和创造性的意见，从而有效地解决问题，提高学生的创造性素质和能力。经过大量考察，学生中普遍存在着创造性能力较低，对问题的思考方式和解决方式较为单一的现状，不能很好地解决广告创意过程中遇到的各种问题。而课程如果只是教会学生现有的广告创意方法，学生会感觉手足无措，无法思考，陷入思维的僵局。因此，在“广告创意”课程中培养学生的创造性思维能力显得尤为重要。通过创造性思维的培养我们发现，在课程中学生学会了举一反三，能把创造性能力应用于其他专业课程和各种实践中，创造性素质有了不同程度的提高。

“二个平台”：以市场项目为平台，以学生大型比赛为平台。“广告创意”课程是一门实践性很强的课程。在课程的教学中，进行具体操作中的任一环节都是实践性的。课程的前期为原理讲授，但讲授只能让学生一知半解，只有在实操过程中，学生才能逐步理解和领会知识，所以课程必须通过实际项目展开。广告行业中的实际运作项目就是广告业务。课程曾经把广告业务引进课堂，但限于客户、时间等各方面的条件，实际操作困难重重，学生不能完整地学习。目前，学校和多家广告传媒企业建立了教学实践基地，把企业做过的项目引进课堂，作为第一个平台，让学生进行实际操作，并聘请企业创意总监进行指导。项目多为广告企业做过的内容，学生在实践的过程中出现的任何问题，都可以通过与创意总监和教师的共同分析，发现问题并加以解决，从而取得良好的教学效果。第二个平台是全国大学广告学专业教学的共同平台，即全国大学生广告竞赛。“广告创意”课程结合大赛选题进行教学。目前，全国主要的大赛有全国大学生广告艺术大赛、全国大学生广告艺术节“学院奖”、“金犊奖”和其他一些创意竞赛等。这类大赛通过企业的营销策略来进行实际广告创意，其意义更为深远，也很适合课程教学。经过多年的广告创意课程教学实践和在课堂中引入大赛，我们发现在参加大赛的广告创意教学过程中，不单是对学生的检验，对教师的教学更是有着很高的要求。教师在教学中必须分析企业策略、分析市场、分析消费者，只有全面把握企业的营销策略和品牌策略，才能有针对性地教学，对学生的创意进行深度而准确的评析，而学生也只有在全面地把握了企业营销策略和洞察了消费者后，才能做出有针对性的广告创意。在参与大赛这个平台上，不但训练了学生的创造性思维能力，也锻炼着教师的创造性教学能力。我们已经把大赛作为广告创意常规化的一个教学模式写进了教学大纲之中。“两个平台”对广告创意的教学和学生的素质培养具有深远的意义。

“三个结合”：广告创意教学与多学科交叉结合、与素质教育结合、与大学生创业就业结合。第一，在“广告创意”课程教学内容方面，必须结合多个学科开展，因为广告学本身就是多学科的产物，与传播学、市场营销学、心理学、社会学等学科有广泛的联系。在教学的过程中，要结合多学科的知识分析广告创意、指导广告创意实践，使学生真正理解广告创意的内涵，以及使广告创意产生各种作用的原理，从而掌握广告创意的方法，为今后的发展奠定良好的素质基础。第二，我国大学本科教育也一直在提倡素质教育，但要使其进入专业学习往往很难开展，教师沉浸在专业教学的快乐中而忘记了素质教育。而在“广告创意”课程教学中，我们却比较容易实现与素质教育的结合。首先，创意是一件很艰苦的事情，必须经过调研、分析、推理、构思、创造、判断等一系列过程，才能做到真正有针对性的创意传播，这就需要各方面的素质来支撑。心理素质和生理素质的磨炼开始了，教师在教学过程中强调学生要以耐心、细心、毅力和观察、判断、思考行为的心理素质来实现最佳的创意。其次，广告创意是需要团队进行的工作，课程要求学生组成团队，成立创意小组，各成员进行一定的分工与合作。在进行广告创意实操过程中，小组成员的团队意识、协作精神等素质经过教师的指导会有明显的提高，当然这也需要教师本身具有以上素质，才能担负起专业课程教学与素质教育结合的重任。第三，由于在整个教学活动中引入实际项目进行广告创意，课程的教学也就必须模拟企业的广告创意运作模式，使学生感到身临其境。在课程实施过程中一般由教师来承担客户的角色，对学生的创意进行评估，并引入竞争机制。这对学生今后进入社会就业具有良好的示范效果。在课程讲授和指导过程中，要培养学生的品牌意识，不但要做品牌广告，在创业之初也应该具有品牌的观念和意识，使学生在进入社会后以创立品牌作为自己创业的基础。

二、“广告创意”课程教学模式的创新思考

确立了以创造性解决问题的“广告创意”课程教学观念后，确定课程的教学目标就比较容易了。广告创意的目标是让广告有很好的点子，吸引消费者注意并引导其购买产品。那么，课程的目标就是让学生了解和解决用什么样的方法产生好的点子，把产品和广告结合起来并引起消费者的购买兴趣。首先要设定一系列的问题，而这些问题必须能够启发学生循序渐进地思考，进而解决问题。因此，我们把“广告创意”课程教学分成四大模块，很好地了解学生的不足与优势，帮助学生解决学习中出现的问题。

一是广告基础模块。知识点包括传播学原理、广告设计原理、程序、方法；能力点包括传播、审美与执行能力；素质点包括沟通意识、审美意识、创新意识；教学法包括检验与指导（在创意实践中检验前置相关课程的学习效果并进行指导）。

二是市场营销策略、广告策略模块。知识点包括市场营销策略、广告传播诉求策略；能力点包括逻辑分析、研究、定位、判断能力；素质点包括调研意识、策略意识、创新意识；教学法包括案例教学、策略分析示范、讨论、指导。

三是广告创意理论与实践模块。知识点包括创造性思维方法，广告创意的概念、程序、方法；能力点包括逻辑分析、定位、判断、创造性思维能力；素质点包括品牌意识、营销策略意识、创新意识、团队意识；教学法包括案例教学、启发、讨论、实践、指导。

四是广告创意实战模块。知识点包括广告创意实战过程、制作、执行及完稿；能力

点包括分析研究、组织、操作、执行能力；素质点包括解决问题意识、整体意识、创新意识、审美意识；教学法包括案例教学、示范、实际操作实践、创新实践、讨论、指导。

第一个模块属于广告基础模块，一般在“广告创意”课程之前应该初步掌握这些内容，特别是对于传播原理的理解和图形、语言符号的运用，要做到传达准确，并能创造新的图形或文案进行传播。在课程中需要检验学生对这一模块的掌握程度，教师指导学生实践这个模块的知识、理论和创新运用。第二个模块是策略模块，主要是广告策略方面的知识，广告策略必须符合企业的市场营销策略，在制定广告策略之前必须分析企业市场营销策略，学生在课程前也应初步掌握市场营销的相关知识，把握广告企业的营销策略，从而制定出相应的广告传播策略。在这个模块中，需要培养学生的逻辑分析能力和判断能力。第三个模块是课程的核心模块，课程主要围绕这一模块展开。广告创意的前期准备也就是策略层面的分析完成以后，进入广告概念的确定、广告创意构思阶段。这一阶段创造性思维的方式的引导和培养在创意过程中是十分重要的任务，这个阶段也是提升学生素质的重要环节，在教学过程中，要善于引导、启发，根据具体问题分析学生的不足和优点，全面达到这一模块的教学目的。第四个模块在课程中是具体操作模块，在这一模块中，学生的素质会进一步提高，教学中要引导学生学会灵活应变，在实操过程中，理想和现实的差距会显现出来，问题会逐步增加，引导学生面对问题并解决问题是教学的重点。以上四个模块在课程中是互相交叉混合的综合体，教学过程中要根据具体情况完整把握、灵活处理、创新教学和勤思善导，真正完成整个模块中的目标设定。

教学是一个过程，需要循序渐进。我们根据“广告创意”课程的性质以及教学进展，设置四个模块，是为了分清学生需要在整个教学环节中掌握的知识和能力，能否达到最终教学目标，也看教师是否完整而熟练地掌握了四大模块的知识和灵活运用教学方法。四个模块中的每一个模块又分出了四个内容，即知识点、能力点、素质点和教学法。在课程教学中，这四个内容是融为一体的。如知识点是该模块中学生要掌握的专业理论知识与方法，能促进学生的实践能力，是学生素质的体现；学生的素质高说明学生的知识丰富、能力较强。模块中教学方法的运用必须根据学生的实际情况因材施教，学生的个性是千差万别的，虽然我们拥有了课程教学的四大模块和教学进程，但如不能很好把握学生的实际情况和心理，就不会收到预期的教学效果。因此，四大教学模块也给我们提供了一个了解学生状况的参考，在教学过程中可以有针对性地对学生的不足进行指导。知识点是固有的，只要学生用心就能掌握，而能力点和素质点却是需要启发引导、挖掘、培养的，而这两点也是教师需重点培育的方面，特别是能力点和素质点在整个教学过程中的培养，甚至可以使学生获益一生。我们一般把能力点和素质点依托于专业平台作为重要的培养内容，这样学生不仅能学好专业，能力和素质也会有很大的提高。在四大模块的教学法中，“指导”是所有模块均有的内容，这说明“指导”的重要性。指，即指明方向、指出问题；导，即导向、引导、导入、导出等，作为教师要深刻而辩证地把握“指导”的内涵，真正指导学生学习。

四大模块教学的运作是围绕着观念、能力和素质展开的，这三者互为关联和支撑，观念决定了能力和素质，而能力和素质又支撑着观念，通过教学可以使三者得到提高，达到教书育人的目的。

通过对“广告创意”课程教学创新的研究和实践，我们发现现代广告活动的时代性很强，广告活动性质和内容会因市场营销活动、传播活动的方式的发展而不断地变化，如果我们按照一成不变的方式进行教学，就会被市场淘汰。在这种形式下，由教育部高等教育司主办，教育部高等学校新闻学学科教学指导委员会组织、中国传媒大学与中国高等教育学会广告教育专业委员会共同承办的全国性唯一一场高校文科大赛——全国大学生广告艺术大赛应运而生。其目的是提高大学生的创新精神和实践能力，激发大学生的创意灵感，促进大学新闻传播、广告、艺术教育的人才培养模式的改革，同时，对课程设置、教学内容和方法的推陈出新起到推动作用。而通过引进大赛，“广告创意”课程也推动了课程的教学改革实践。以上“广告创意”课程创新改革的思考，是在参加了多次“金犊奖”“学院奖”和全国大学生广告艺术大赛而产生并经过实践总结出来的。今后，我们还将会继续努力总结“广告创意”课程参赛的教学经验，探索课程教学的新思路和新模式，把课程教学创新与改革更深入地进行下去。

参考文献：

[1]（美）大卫·奥格威. 奥格威谈广告 [M]. 洪良浩，官如玉，译. 台北：哈佛企业管理顾问公司，1993.

[2] 张树庭. 广告教育定位与品牌塑造 [M]. 北京：中国传媒大学出版社，2005.

[3] 盛群力. 教学设计 [M]. 北京：高等教育出版社，2005.

[4] 汤晓山，周景秋. 广告创意教程 [M]. 南宁：广西美术出版社，2008.

以校外实践基地为平台的广告教育产学互动研究

申雪凤　金又琳

摘要：实践教学是高等教育教学的重要组成部分，在培养学生创新意识、创新精神和创新能力方面有不可替代的作用。本论文以广告学专业校外实践教育基地为研究对象，通过分析社会人才需求调研数据，提出地方性院校与实践基地建立广告产学互动平台的必要性。借鉴美国和港台地区广告实践教育的经验，以校外实践基地为平台的产学互动能够让教育与行业变化直接接轨，应该成为地方性院校广告人才培养的重要举措。

关键词：校外实践教育基地　广告　产学互动

2012年，教育部、中宣部、财政部、文化部、总参谋部、总政治部和共青团中央联合印发《教育部等部门关于进一步加强高校实践育人工作的若干意见》，其中"增加实践教学比重，构建全新育人格局"的实践育人工作思想将实践教学环节提升到与课堂教学同等重要的位置。实践教学是高等教育教学的重要组成部分，在培养学生创新意识、创新精神和创新能力方面有不可替代的作用，特别是面向地方和区域经济发展的应用型大学，构建适合自身发展特点的实践教学体系是非常必要的。

一、广告发展需要高校加强广告实践基地建设

广告传播实践教学模式的建立和完善对构建广告人才培养体系有着重要作用。加强实践教学的重要方式主要有：一是调整人才培养方案，转变原有的教学体系，建立校内各种实践平台并提高其利用率；二是加强校外实践基地的建设，提高利用率，建立起以校外实践教育基地为平台的广告产学互动体系。但是在现实情况中，广告学界热衷于自己的培养模式，业界却认为毕业生动手能力差。广告实践教学一直成为广告教育的软肋，尤其校外实践基地的建设跟不上人才培养的需求。

以广西各高校广告学专业教育为例，实践基地建设的主要问题集中在广告公司分布严重失衡，地方性院校实践基地建设困难重重；学校注重校外实践基地的数量，忽视实践基地的质量；注重基地的挂牌仪式，忽视基地的利用率；实践课程目标与内容模糊，缺乏系统规定；实践方式简单，实践管理流于形式。2014 年，在广告学专业成立 20 周年之际，广西艺术学院影视与传媒学院进行了全方位的社会需求人才调研。在用人单位方面，本次调查共面向 42 个用人单位发放 122 份调查问卷，回收 122 份，有效率 100%。接受本次调查的用人单位主要集中在广西电视台、广西新影响文化投资集团、中国—东盟文化艺术发展中心、深圳雅悦文化传播公司等广告公司、广电及出版传媒单位、行政机关单位。在调查中，45% 的用人单位主管认为要增强广告学生的实践课程，加大与市场接轨的课程；73.8% 的人认为目前实践基地的利用率要提高，企业和学院的合作要形成一个人才培养的孵化器，缩短学生从学校到社会的适应期。在毕业生方面，根据每班 10—12 份的原则随机发放问卷 123 份，回收问卷 123 份，有效问卷 114 份，有效率达 92.7%。在调查中，50% 以上的毕业生认为在广告学人才培养方案中要增强实践实战课程比例，74.6% 的毕业生认为大学期间实践基地的利用率较低。通过建立适应广告创新人才培养和市场需求的广告实践教学模式，提升广告学专业学生创新实践能力，缩短毕业生工作的上手时间成广告教育需要解决的主要问题，而充分合理利用实践基地，搭建产学互动平台成为其中的关键点。

二、广告教育的“产学互动”模式

“产学互动”指的是业界和学界共同推动广告教育事业发展的方式。一方面指的是企业与高校的互动，企业和高校进行项目合作，高校人才参与企业运作，企业为高校师生提供实践平台和毕业生就业窗口；另一方面指的是理论与实践相结合，培养“知行合一”的人才，学生在校期间就通过实践提高自己的业务能力，使自己成为可以直接胜任业界职位的应用型人才。在这个过程中，企业成为人才培养的基地，通过实践能力培养与学校理论知识教育起到互相补充、共同促进学生综合能力提高的作用。美国和港台地区高校与企业的广告产学互动较为成熟，其经验和具体做法可以为我们的广告教育所借鉴。

（一）美国广告教育的产学互动

近年来，中国传媒大学丁俊杰教授的《中美广告教育之比较》，上海大学查灿长教授的《美国高校广告教育状况概述》《美国的广告教育理念》《美国高校公关教育刍议》，美国俄亥俄大学程红博士、访问学者乔均博士的《美国广告教育的历史变迁及现状分析》和《美国广告协会与广告教育互动发展评述》等论文让我们认识了美国的实践教育。由于行业发展的需求促进了广告学科的兴起，美国的广告教育与广告行业存在着天然的互动关系，广告企业对广告教育给予高度的支持和关注。主要表现在通过建立各类广告协会、广告基金组织和广告俱乐部与高校搭建沟通平台，为高校提供基金，开展企业项目合作，企业专家和学校学者互访互换岗位；通过美国广告联合会 AAF 在学生中成立俱乐部，主要负责为学生开设额外课程以及辅助课程，邀请专家讲座，安排实习和实地考察等，目前已经普及全国，参与的学生过万人次；学界业界联合定期出版杂志，并且设立奖项鼓励广告专业的教师和学生。同时，美国高校广告学专业教师大多具备行业实践经验，很大部分直接由业内精英担任。许多著名的广告人也会投身于广告教育，出版与行业密切相关的广告教育书籍，培养广告后备力量。最为典型的就是《我的广告生涯 & 科学的广告》（霍普金斯）、《一个广告人的自白》（奥格威）、《整合营销传播》（舒尔茨）等被广告界誉为金科玉律的重要书籍。最能体现广告教育产学互动模式的是美国密苏里大学策略传播专业。1913 年密苏里大学（University of Missouri）率先创立了美国的第一个广告学专业，从建立伊始，产学互动就已经成为该校教学的基本理念，随着媒体技术和广告发展的需要，在广告学专业的基础上成立了密苏里大学策略传播系，这也成为现代广告教育的新名词之一。他们的广告教育注重的是“边学边做”，2005 年成立了 MOJO 专业广告公司这一产学基地，进行全商业运作。学生必须在核心课程——“策略传播原理”“策略传播研究”“策略设计和视觉”“策略写作”这四门课程中表现优秀才能申请进入广告公司。这样既能促进学生的专业学习，又能给进入广告实践基地的学生以动力。通过产学基地帮助学生积累实践经验，提高学生的专业认同感和忠诚度；拓展广告教师和学生的行业视野，提高理论知识向实际运用能力的转化效率；加深业界和学界之间的了解，在培养广告人才方面互利互助。

（二）港台地区高校广告教育的产学互动

由于社会经济发展的需要，香港和台湾两地的广告教育也尤为重视产学结合的实践教育。香港浸会大学、香港城市大学与业界合作设立了学生工作坊，运作跟一般的广告公司相仿，提供调查、创意设计、公关活动、媒介等服务，让学生在工作坊中积累工作经验。同时，学校也会要求高年级的同学到广告公司完成一个项目，为客户完成相关的广告创意和计划，这种与公司紧密相连的产学互动方式能够让学生了解行业的运作并且缩短就业适应期。台湾广告教育的产学互动主要体现在邀请著名广告界资深实务人士进行课程教学，从而保证学生能够把课堂理论知识与实践结合。一批著名的广告公司董事长、创意总监、资深摄影师、电影导演成为台湾高校的教师。这些业界导师不仅按照学校的教学进程进行授课，还通过设立基金、奖项来激励学生进行实践学习。业界导师将自己的授课薪金作为奖学金，配合创意、媒介、调查等内容让学生进行业界项目的专业训练，并且用提案的方式对学生学习成果进行评定，并对学生给予奖学金奖励。这样的方式不仅能够配合课程进度开展，还能够让学生了解到最新的业界训练方式和案例，提高专业积极性，达到良好的效果。

三、以校外实践基地为平台的“产学互动”策略

广告学作为一门伴随着社会经济发展需求建立的学科，它吸收了社会学、心理学、经济学、新闻学、艺术学甚至自然科学等多种学科的成果。正因如此，开放性和应用性成为其重要特性。同时，随着互联网技术的发展，我们现在已经面临着一个数字生活空间，传统的广告思路已经发生颠覆性的改变。广告实务界已经发生了翻天覆地的变化，广告教育界应该如何应对呢？教育要起着启迪、引领社会和行业发展的重任，但是广告教育在一定程度上都在追着行业跑。在互联网络发展日新月异，媒介融合日益密切的趋势下，广告教育和广告产业同样面临拐点。广告教育不仅要适应社会和行业发展，而且还需具有前瞻性，培养出引领行业发展的人才。美国、香港和台湾地区的高校的广告产学互动方式给我们的广告实践教育带来了新的思路，让学生在实践中提高自己的工作能力，培养他们与企业、社会和消费者交往的能力，提高自己的创新能力。而以校外实践基地为平台的产学互动不仅能够让教育与行业变化直接接轨，更应该成为地方性院校广告人才培养的重要举措。

（一）广告人才培养引入产学互动思路

美国的广告教育理念有两个明显的特色：一是重视综合技能和应用素质的教育；二是注重理论素养和创新能力的培养。这些教育理念可以给我们很好的借鉴：围绕学生创意策略力的培养，提高学生媒体融合传播的能力；通过多种渠道增强学生解决问题的能力、动手能力、实际操作能力、社会应变能力等。在广告人才培养中，要合理充分利用校外实践基地这一平台，多方位深入合作，实现教师、学生与业界人员的良性互动。且要将这一思路贯彻到整个人才培养方案中，有意识地从教学方法、授课教师、授课地点、实际案例等多方面开辟与业界合作的方式，充分利用校外教学实践基地。互联网思维正在重塑广告教育理念，而“创意”和“产学互动”则是广告人才培养适应新形势的解决之道。地方性院校因所处地域经济社会发展的局限，广告实务资源有限，广告教育相对落后，已经不适应时代发展的需要。地方性院校更应该重视产学互动的观念，注意结合

地方经济发展和广告项目，合理利用各种资源，开辟自己院校的广告实践之路。

（二）调整课程授课方式，增强与实践基地的合作

充分利用校外实践基地开展产学互动是广告实践教育的重要组成部分，因此，让广告课程与实践基地密切合作，增强基地利用率也就成为广告教育者思考的问题。广西艺术学院于 1993 年在广西高校中最早设立了广告学本科专业，开了全国同类艺术院校设置广告学专业的先河。在 20 多年的发展建设中，广告学专业一直结合艺术设计学学科背景进行有效的人才培养模式研究，而实践教学模式的构建也是其中的一个重要部分。2012 年开始，广西艺术学院广告学专业以国家级和自治区级大学生校外实践教育基地——新影响国际传媒和影视传媒艺术实验中心的建设为契机，以广告教学中“实践教学”模块为基础，根据“Create 创新、Interwork 互通、Group 团队、Effect 实效”的思路，进行以创意实战课程学习为轴心，“实践基地互动学习 + 社会实践学习”为两个“侧翼”的实践教学模式。在这个过程中，广告学专业根据人才调研的结果，调整课程结构，增加与实践基地合作授课的门数。目前，广告学专业与实践基地合作授课情况分布如下（见下页图 1）。

广西艺术学院广告学专业与校外实践基地的合作方式主要有以下几种：一是实践基地授课。学生到实践基地接受业界导师的授课，在市场真实环境中完成学习，并完成导师布置的实践项目。目前，“媒介研究”“市场营销”“广告版式与印刷技术”“广告创意基础”和“广告创意策划”等课程主要采取这种方式。二是项目合作。实践基地根据每个学期课程安排，定期将广告任务下发给相关授课班级，由学生在课程过程中完成实际项目，这样能够更好地实现理论联系实际。目前，“广告调查”“新媒体广告”“广告摄影”“广告影像采编”“网络广告设计”等课程都采取了这种方式与实践基地合作。在“广告调查”“广告摄影”等课程中，部分业界导师还会结合公司当下业务设立奖励基金，提升学生积极性并且真正按照市场运作方式让学生提案并择优给予奖励。三是基地导师进入课堂。在第六、第七学期开设“广告市场实务”和“广告市场项目运作”两门课程，根据教学安排邀请实践基地的总监、总经理为学生授课，并将此类课程常态化。“媒介经

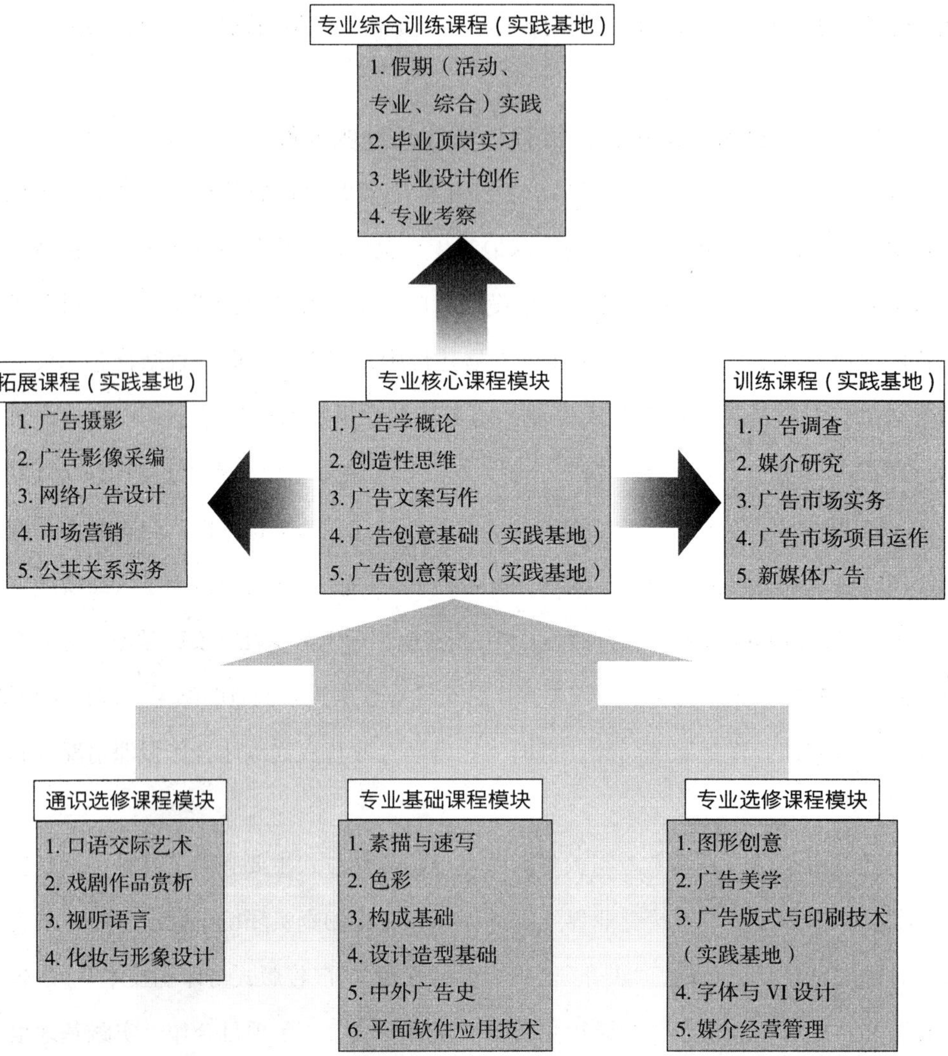

图1 广告学专业与实践基地合作授课情况图

营管理”“广告创意与策划”“广告文案”等课程也将逐步尝试这种方式。四是专业综合训练合作。主要针对毕业设计创作、假期（活动、专业、综合）实践、毕业顶岗实习等课程展开。学生的毕业设计项目可以来自实践基地，项目小组在校内导师和业界导师的共同指导下完成校外实践基地提供的实际项目；每个假期和毕业前的实习，都将学生优先安排进入实践基地，并推荐优秀学生就业。

（三）采取多种措施，拓展实践基地并增加利用率

目前，我国主要的广告创意公司、传媒公司和数字网络公司资源主要集中在北京、上海、广州、深圳和杭州等地，这些地区的广告教育因此拥有较丰富的实践基地资源。而其他地区的广告实践基地资源相对较少，这给地方性院校的广告实践教育带来困难。面对现实，地方性院校更应该另辟蹊径，抓住区域性资源进行积极有效的产学互动。一方面，可以和发达地区的4A公司建立常态化合作，鼓励学生积极加入行业公司的新兵训练营、“雏凤计划”；另一方面，主动和本地区的广告创意、会展策划、文化传播、数字传播、媒体等公司和单位建立合作，进行有效的产学互动，为本地区培养创新性应用型广告人才。

在拓展实践基地数量和覆盖面的基础上，广告学还应该拓宽合作渠道，增加基地的利用率。广西艺术学院广告学专业在与新影响传播广告公司、锐蓝传播广告公司、朴研策划公司、广西电视台等校外实践基地进行产学互动的合作中，除了调整课程方案、改变课程理论与实践比例，采取实践基地授课、项目合作、业界导师进课堂、实习实训综合合作等方式之外，还运用多方资源开辟新的合作方式。2013年广告学专业和新影响传播广告公司设立了精英班，基地导师利用周末和晚上的时间定期带领精英班的学生进行实战训练；与锐蓝传播广告公司建立优才计划，利用公司的房地产整合资源，设立奖金在学生中进行房地产广告创意比赛；实践基地提供项目给学生完成社会实践案例的毕业设计，并派出导师和学校导师一起进行指导评分；实践基地业界导师到学校进行讲座，学校教师到实践基地进行员工培训。

校外实践基地与学校的产学互动除了人才培养之外，还应该体现在教学队伍优化提高之上。教师应该定期分批到实践基地顶岗培训，与实践基地合作完成实际项目，了解业界前沿并丰富自身在广告教学中的经验；教师与实践基地业界导师合作编写应用性强、密切联系业界发展的教材。学生培养、教师提高、实践基地收益的“三赢”局面才是以校外实践教育基地为平台的广告产学互动的最终目标。

参考文献：

[1] 潘晔，黄志豪，钟宏桃. 高等艺术教育创新人才培养体系研究 [M]. 南宁：广西美术出版社，2013.

[2] Bill I.Ross. Advertising Education:Yesterday- Today- Tomorrow,2006[M]. Advertising Education Publications.

[3] 杨先顺. 建构我国广告创新型教育模式的思路 [J]. 当代传播，2008(5).

[4] 查灿长. 美国的广告教育理念 [J]. 新闻界，2008(4).

[5] 陈培爱. 数字化时代中国广告教育改革的思考 [J]. 广告大观（理论版），2011(4).

[6] 孙施. 美国广告产学互动研究——以密苏里大学新闻学院策略传播专业为例 [D]. 上海：上海大学，2011.

（本文属于2014年度广西高等教育教学改革工程立项项目“以校外实践教育基地为平台的广告传播实践教学模式构建与实践”成果，项目编号2014JGB174）

艺术类广告毕业设计新思路：与社会项目相结合

申雪凤

摘要：毕业设计是艺术类广告学生基础理论、专业知识和基本技能综合运用的重要实践环节。文章通过对广告学毕业设计具体做法的归纳，提出艺术类广告毕业设计新思路——与社会项目接轨，并为艺术设计类广告学人才培养提出新的思路。

关键词：社会项目　广告学　毕业设计

毕业设计是大学生毕业前必须完成的实践性教学环节，是实现大学本科学生培养目标和要求的重要手段，是培养学生综合运用所学专业的基础理论、专业知识和基本技能分析、解决理论和实际问题的能力和科研能力的重要方法。作为一门新兴学科，广告学直到1993年才被教育部列入普通高等学校本科专业目录。应该说，作为一个新专业，其科学、合理的人才培养体系尚在建立之中，广告人才的考核体系正在论证之中，广告学的毕业设计形式也还在不断摸索。

一、毕业设计与社会实际项目接轨是广告人才培养的需要

在我国，高校广告教育发展的基本特点是普遍依托其自身所在院校的学科优势，将

其与广告学紧密结合，相互渗透，以培养具有一定倾向性的广告人才为主。从广告学专业所在院校的设置情况来看，可简单概括为传媒类、艺术类、工商类和综合类院校几种。实际上，作为一门综合性的交叉边缘学科，无论是依托何种学科优势设立的广告学专业，都应该在找准定位办出特色的同时注意取长补短，培养出适应市场需求的创新性和实用型的广告人才。实际上，广告创新性应用型人才是指能够从事广告实践的复合型人才，是能够通过自己较强的创造性思维和良好的团队合作能力为广告事业带来新发展和新思路的专业人才，其核心就是“创新实践”。毕业设计与社会项目结合的实践化教学是广告人才培养的关键环节，也是广告专业学生综合专业能力以及创造性思维充分锻炼和提高的重要环节。

广告学是一门注重应用操作和创新能力的学科，实践性极强。学生的基本操作和创新能力的培养不仅有利于加深学生对理论知识的理解，更关系到人才培养质量和社会竞争力。但是因各种条件所限，当前广告实践教学存在的普遍问题是：实践目标与内容模糊，缺乏系统规定；实践方式五花八门，没有规范；实践管理流于形式，缺乏监管，实习效果不尽理想。这在各高校广告专业教育中不同程度地存在着。努力寻找理论与实践的平衡点，加强现有广告教育的实战训练，提高学生的“做事能力”（实践应用能力）和创新能力，是解决广告专业教育发展瓶颈的必然途径，也是培养适应经济社会发展广告人才的要求。

艺术类院校广告学依托设计学科建立，因而美术设计和广告创意专业师资及资源都比较充足，但是传播类、营销类和实证研究方法类的专业的师资及资源却相对缺乏。正因如此，艺术院校的广告专业更应该构建开放式的课程设置体系，体现广告专业和设计专业交叉边缘学科的特点，着重培养研究生的广告思维、辩证思维和创新能力，让他们能够结合设计特长进行学术研究和理论性的归纳总结，实现“动脑”“动手”双结合。类似于公司运作的毕业设计项目化进程就是学生设计特长与广告技能的综合运用，能够综合检验学生的广告运作能力，是创新性应用型广告人才培养的需要。

二、毕业设计与社会实际项目结合是教学特色的体现

作为广告学创新性应用型人才培养的有效探索模式，“社会项目进课堂”已经成为部分高校广告学专业的教学特色。毕业设计与社会项目接轨是社会项目进课堂的直接体现。

“社会项目进课堂”实际上是理论联系实际，实际深化理论的一种教学模式，即在现有的教学框架和课程设置中，将社会项目引入课堂教学中，让学生在教师的指导下根据项目要求，结合课堂理论知识和技能完成项目，并将其运用到实际之中。目前，“大赛带动教学”和“实际项目促进教学”是两种“社会项目进课堂”的有效途径，部分高校的广告学教育也正在进行这方面的有效尝试。作为全国最早由艺术院校开办的广告学专业和广西最早的广告学本科专业，广西艺术学院广告学结合教学实际，结合南宁及广西经济发展状况开展实际项目研究，以创造性思维研究为基础，打造“社会项目进课堂”的教学特色。对于坚持以多学科交叉渗透和“社会项目进课堂”为专业特色的广告学来说，毕业设计更是学生理论联系实际、走上工作岗位前的一次综合训练和考核，是综合考量和体现大学生实践能力、创造能力的重要环节，成为广告学创新性应用型人才培养机制的关键环节，也能够直接反映学生的就业能力、创业能力。

目前，深圳大学、厦门大学的广告学专业都对毕业设计进行了有效的改革，并且最早将社会项目引入毕业设计中，取得了良好的教学效果和社会影响。结合广告学人才培养目标和广西经济发展的实际状况，广西艺术学院广告学专业汲取兄弟院校广告毕业设计的经验，从 2007 年开始，在广告策划方向尝试进行毕业设计和社会项目接轨的试点，2008 年扩大到整个广告学专业，目前已经完成了 20 余个社会项目的广告策划设计、品牌运作，并在实际中得以运用，涉及包括餐饮（食品）、服饰、房地产、汽车、特产专卖店、休闲书店、卫浴、文化产业等数十个行业领域（见图 1、图 2）。2010 年开始将原来的毕业设计和毕业论文两种考核形式变为毕业设计和毕业设计综述，增强学生对毕业设计项目的理解，并用文字形式将设计要点、创意策划要点、体会分析等表述出来。毕业论文答辩也相应变成毕业设计综述答辩，邀请实际项目的客户和指导教师一起进行，开辟校企合作的新方式。

图1　2009届毕业设计
“谷末豆浆”创意广告

图2　2009届毕业设计
“JOLY 瑞士屋餐厅”创意广告

社会项目和毕业设计接轨是一种师生互动、校企合作的毕业设计方式，即由不同专业方向的广告学生自由组合形成项目小组，通过学生按照广告公司模式进行合理分工、寻找业务项目、洽谈签定社会项目、进行项目调查、完成项目策划设计并进行项目效果展示等环节，提高学生实践能力、创造能力、就业能力和创业能力。在此期间，教师分组对学生进行指导，让学生大学期间的学习由始至终贯穿“项目进课堂”的教学特色，并且让学生在实战中体验广告运作的全过程。项目效果展示环节不仅能够让学生在社会项目中展示自己四年的学习成果，也能通过这一平台获得社会和用人单位的认可。同时将最后一个学年的课程进行调整，将毕业设计和毕业实习相结合，提升学生作品在社会中所获得的认同程度，扩大其影响力，为学生就业、创业提供动力和条件。

三、毕业设计与社会项目接轨教学应注意的方面

（一）项目选择应合乎学生实际能力，注重实际性和教学性

广告毕业设计的项目可以通过学生自找、教师提供、实践基地设定等方式获取。这就需要指导教师针对不同组别学生的广告知识和广告技能掌握情况，有的放矢地为学生在项目选择上进行把关，尽可能符合每一位学生的实际能力，使每一位学生都能产生强

烈的探索欲望，解决问题的迫切心理要求。艺术类学生不可避免地在理论基础和动手能力方面存在着较大的差异。因此，在毕业设计分组上就要有针对性地按照广告公司各部门要求进行人员搭配，每个小组都应该具备外联、调查、设计以及策划能力相对较强的学生，项目的预备应有层次性。太简单的项目将使部分能力较强的学生产生轻视的态度，草草了事，或过早地完成毕业设计而影响其他学生，也不能考察出整个小组的综合能力；太难、太庞大的项目又是毕业生无法完成的，会让学生感到无从下手，产生畏难情绪，互相推诿，最后不得不由教师手把手地教，甚至由教师一手包办，使毕业设计流于形式，起不到应有的作用。

广告学专业大学四年学业的最终目的是为了应用。与实际项目接轨的毕业设计能激发学生的学习动力，产生强烈的学习爱好。因此，要注重项目的教学性能，使广告知识承上启下，一方面强化原有知识和技能，另一方面保证学生在进一步消化原有知识的基础上能够尽快与社会接轨，提高自己的综合能力。

（二）指导教师应具备较强的理论知识和丰富的实践经验

广告毕业设计既涉及理论知识又涉及实际操作技能，需要学生将市场调查分析、广告设计、广告策划、媒体运作、市场营销等知识综合运用，并且还要看学生的团队合作能力和动手能力。因此，指导教师既要能从理论上指导学生，又要能给予学生实践上的帮助。学校应配备足够的指导教师以满足毕业设计的需要。同时，也可以和广告实践基地联系，聘请广告业界有经验的创意、设计、策划人员参与每一小组的指导，提高毕业设计的实践性。

作为艺术类院校的广告学专业在人才培养上有自己的特色，毕业设计也应延续教学特色，采取措施促进学生接触社会，让毕业设计和社会项目接轨，在提高毕业生实践能力的同时为学生创业、就业搭建桥梁。

参考文献：

[1] 申雪凤 . 实证研究在艺术设计类广告研究生教育中的运用 [J] . 艺术教育，2009(9).

[2] 奚洁人 . 科学发展观百科辞典 [M]. 上海 : 上海辞书出版社，2007.

广西区域性广告学创新性实践型人才培养特色探究：社会项目进课堂

申雪凤

摘要：培养创新性实践型人才是我国高等教育的重要目标之一。文章通过对广告学专业人才培养体系的梳理，结合教学实践总结归纳出“社会项目进课堂”的广告学人才培养机制，为广西艺术设计类广告学人才培养提出新的思路。

关键词：社会项目　广告学　创新性应用型人才

作为一门新兴的综合性交叉学科，广告学专业于 1993 年才被教育部列入普通高等学校本科专业目录。伴随着我国社会经济文化建设的需要，广告学专业如雨后春笋般出现在各个高校之中。为此，各高校广告学专业均在探索人才培养特色，逐步建立并且完善科学、合理的人才培养体系。

一、我国广告学本科教育的分类情况

高校广告教育经过 30 年的发展，已经在不同类型的院校形成了各自的培养方式。作为创意文化产业中重要的一个行业，广告产业与各行业有着密切的联系，社会需求也涉及市场调研、客户服务、创意策略、设计制作、文案策划、媒介运用等方面的人才。为此，各高校广告教育的基本特点是依托其自身所在院校的学科优势，将其与广告学紧密结合，相互渗透，培养具有一定倾向性的广告人才为主。从广告学专业所在院校的设置情况来看，可简单概括为①：

院校类型	依托学科	人才培养目标
传媒类	新闻传播学科	广告媒体与传播人才
艺术类	艺术设计学科	广告创意与设计人才
工商类	经济管理学科	广告客服与管理人才
综合类	综合性多学科	广告策划复合型人才

其实，不管是依托何种学科优势设立的广告学专业，重要的是能够结合文化创意产业的发展，根据市场需求，在找准定位办出特色的同时注意取长补短，培养出适应社会发展需求的创新性实践型广告人才。

随着中国—东盟博览会永久落户南宁和北部湾经济发展圈的确立，广西独特的区位优势逐渐转变为经济优势，成为国家新的经济增长极。作为和经济文化发展紧密相连的专业，广西本土的广告学教育也承担起了创新性应用型广告人才的培养重任。目前，广西全区有 40 多所大专院校（包括普通大学、高职高专、民办院校）开设有广告学或者与广告学相关的专业。寻找教学特色，培养适应广西区域需求的创新实践人才也成为广告学专业的重要任务。

二、广告创新性实践型人才的内涵

所谓创新性实践型人才是指能将专业知识和技能应用于所从事的专业社会实践的一

① 申雪凤：《实证研究在艺术设计类广告研究生教育中的运用》，第62-63页，《艺术教育》，2009年第9期。

种专门的人才类型，是熟练掌握社会生产或社会活动一线基础知识和基本技能，具有发散思维和创造能力，能开创新局面的技术或专业人才，其具体内涵是随着高等教育历史的发展而不断发展的。这类人才的特点：一是有很强的好奇心和求知欲望；二是有很强的自我学习与探索的能力；三是在某一领域或某一方面拥有广博而扎实的知识，有较高的专业水平；四是具有良好的道德修养，能够与他人合作或共处；五是有健康的体魄和良好的心理素质，能承担艰苦的实践工作。[①] 以此为基础，广告创新性实践型人才的核心就是"创新实践"，是指能够从事广告行业各工作块面实践的复合型人才，能够通过自身的创造性思维和良好的团队合作能力为广告业带来新发展和新思路的专业人才。广告创新性实践人才的培养应当确立价值评价标准，在教育中不以传统的循规蹈矩的规范管理来约束有创造性的个体，而应当在新的价值指标下，发现不同个体的特色和闪光点，因材施教，激发并培养其创新能力。

2006 年 1 月，《中共中央国务院关于实施科技规划纲要增强自主创新能力的决定》第一次明确地提出了"创新教育"的概念。这一概念的提出，对培养具有创新精神和实践能力的人才具有深远的意义。广告学是一门注重应用操作和创新能力的学科，"创新 + 实践"本身就是这一专业的核心。学生的基本操作和创新能力的培养不仅有利于加深学生对理论知识的理解，更关系到人才培养质量和社会的竞争力。对于"创新"人才培养，要注重创造性思维和创意能力的打造，具体做法可鼓励学生积极参与创造性的活动，让学生了解创造性活动的全过程，体会享受创造性成果的喜悦；对于"实践"，应该重视学生的爱好和特长，鼓励学生发展个性，通过形式多样的实践课教学增强学生的理论运用能力。同时，还可以增强与广告业界的互动，让学生接触实际案例，在市场中去摸爬滚打。

目前，广西各高校的广告专业教育因各种条件所限出现了实践教学缺乏系统规定、实践方式五花八门缺乏监管、实习效果不尽理想等问题。在现有条件下，如何才能寻找到理论与实践的平衡点，加强现有广告教育的实战训练，提高学生的创新能力和做事能

① 奚洁人：《科学发展观百科辞典》，上海：上海辞书出版社，2007年。

力（实践应用能力），适应广西经济社会发展广告人才培养的要求，“社会项目进课堂”正是广西艺术学院广告学创新性实践型人才培养的有效探索。

三、“社会项目进课堂”促进广告创新性实践型人才的培养

“社会项目进课堂”这一教学特色可以达到理论联系实际，实际深化理论的目的。它能够在校内实验场所和校外实践基地不变的情况下，拓展现有教学框架和课程设置的实践环节。这一教学特色的具体做法是将市场实际操作的项目引入课堂教学中，根据项目要求让学生在教师的指导下，按照市场运作的模式，结合课堂理论知识和技能完成项目并运用到实际之中。经过中国传媒大学、广州美术学院、深圳大学等部分高校的有效尝试，“大赛促进教学”和“实际项目带动教学”是广告学专业“社会项目进课程”的主要途径。广西艺术学院则是广西高校中较早运用这种方式进行广告学课程教学的高校。

广西艺术学院广告学专业创办于广告教育快速发展的时期，在近二十年的办学历程中，办学模式、办学质量、办学水准上都有显著提升。作为广西最早的广告学本科专业，广西艺术学院广告学依托设计学科建立，在课程设置上以培养创新性实践型广告人才为目的，围绕“一轴两翼”的核心教学模式——以创意课程理论技能学习为轴心，实践基地互动学习、社会实践学习为两个“侧翼”。经过多年的探索与实践，逐渐形成了开放式的课程设置体系，体现广告学专业和设计学专业交叉边缘学科的特点，着重培养学生的创意思维和实践能力，从而使广告教育与广告实务界的交流加强，进一步引导学生面向市场并适应市场需求。

针对艺术院校美术设计和广告创意师资、资源充足，传播类、营销类师资和资源储备却相对缺乏的办学基础，艺术院校的广告学专业更应该注重培养适应传播现状和媒介发展趋势的实践型学生，让他们能够结合设计特长进行学术研究和理论性的归纳总结，实现“动脑”“动手”双结合。为此，广西艺术学院广告学以创造性思维研究为基础，结合南宁及广西经济发展状况开展实际项目研究，打造出“社会项目进课堂”的教学特色。

（一）坚持对以广告创意课程为主的课程群进行项目化教学，以点辐射面

在广告教学课程体系中，要改变原有单一的广告人才培养理念，就需要注意深入研究广告传播规律，特别是创新思维方式对广告传播效果的影响，并把创造性思维教学融入广告传播活动的各方面，在专业布局和课程设置上注重和社会结合，突显多学科交叉的创新性实践型广告人才培养模式。以纵向为主体，横向为辅助的专业课程改革，逐步形成“专业基础 + 专业理论 + 专业技能 + 实践教学”的特色教学模式，并将相对应的课程划分其中。

从 2002 年开始，在广告学专业的“广告创意”“广告艺术设计”“创造性思维”和“广告创意与策划”等课程中引入全国大学生艺术节广告大赛、全国大学生广告学院奖和世界华文学生广告创意大赛——时报广告金犊奖比赛。在教学中导入广告专业赛事，通过“以赛看学、以赛助学、以赛促学”的实践学习方式，增强学生的社会实践能力和适应能力，提高学生专业素养和广告实践能力。专业竞赛中也以教师引导学生进行团队作战，按照广告公司作业方式，让专业赛事成为广告学生创新实践能力提升的舞台。学生的创造性思维得到不断开发，在各种专业知识技能和科技竞赛活动中百花齐放，获奖颇丰，学生的学习积极性和专业兴趣被极大调动起来。同时，在广告创意类课程的带动下，在“大赛促进教学”方式的带动下，广告学专业积极利用实践基地和教师资源将社会实际项目引进主干专业课课堂，提高学生的市场敏锐度和动手操作能力。“CIS 策划概论与 VI 设计”“策划案写作”“品牌战略”“网络广告设计”“市场营销”等课程都引入了实际或虚拟的社会项目，让学生学习和市场挂钩。

（二）注重实践和实验性教学，积极建设校外实践基地和校内教学实践中心

培养创新性广告人才，需要注重实践性和实验性教学，这就需要建设好校内教学实践中心和校外实践基地。在学校内，积极搭建广告教学实验室或者是创建广告研究所，关注广告行业、传媒行业发展前沿动态，以教师的课题及研究方向为中心，让学生在校内实验课程里跟着教师的项目学以致用，提高应用能力。学校可根据实际情况设置广告公司模拟工作室、广告调查及效果评估实验室、广告设计实验室和影视广告摄制实验室，让学生通过实践操作项目调动学习的主动性。在校外，与广告实务界进行良好的合作，

邀请业界专家给学生上实践课或开讲座；进行社会课题、项目合作，让学界和业界形成广告实践教学的良性互动。

目前，广西艺术学院广告学专业中一些理论性和实验性操作较强的课程，如“广告调查”“影视广告制作”“广告摄影”等可以通过校内的广告教学实践中心完成。“平面印刷技术”从2005年开始每年都将学生带去校外实践基地——广西民族印刷厂进行实地课程教学，了解实际印刷流程。同时，与广西本地数家广告公司结成盟友，共建实践基地，让整个广告教学课程中能够引进公司曾经或正在进行的鲜活案例，并鼓励学生结合自身理论进行作业。与实践基地开展的“优才计划”“房地产广告创意大赛”“广告人进校园”“广告公司开放日”等活动也为学生的实践教学开辟了多元化渠道，有助于学生创新能力和应用能力的全面培养。

（三）毕业设计与社会实际项目接轨，探索创新型毕业设计模式

毕业设计是实现高等教育培养目标和要求的重要手段，是提升学生综合运用所学专业知识、技能解决实际问题的能力和科研能力的重要方法，也是广告学专业大学生毕业前必须完成的实践性教学环节。优化广告学专业整体培养过程，缩短大学生毕业后的职业适应期，需要在四年的教育中更多地营造学生与社会接轨的氛围，并且提供机会让学生尽快接触到社会需求。在毕业设计环节建立校企联合培养完成毕业设计项目的合作平台，使学生能够在走上工作岗位前进行一次综合性实践训练和考核，成为广告学创新性实践型人才培养机制的关键环节。同时，毕业设计项目研究过程中实施校企双导师制，能够确保学生的创新创业实践活动得到有效指导。

在校企联合培养广告人才的合作平台中，毕业设计社会项目化成为广告专业课程设置的一大亮点，最能体现“社会项目进课堂”的成果。从2007年开始，广西艺术学院广告专业通过“个别试点—全面展开—模式形成—模式实践运用”逐步形成了毕业设计社会项目化的模式：打破广告学专业原有毕业设计虚拟项目和一人一个项目的局面。学生项目小组模拟广告公司的运作方式最终完成广告项目策划创意和设计并展示出来，让学生在合作的氛围中习惯这种工作方式和方法。

在整个毕业设计过程中，学生通过自己所学知识为企业实地服务，并通过新媒体与

传统媒体对企业品牌和产品进行宣传推广，能真实地反映出学生的团队精神、沟通能力、设计与策划水平，是社会项目的实战演习，是以培养学生实际能力为中心的教学。我们结合广西区域经济发展的实际状况，目前已经完成了 30 余个社会项目的品牌运作、广告设计、媒介策略，涉及包括房地产、汽车、餐饮（食品）、服饰、休闲书店、建材、文化产业活动等数十个行业领域，85% 以上的项目在实际中得以运用并受到各方的关注。

毕业设计社会项目化搭建起以“广告代理模拟竞标”为主要载体的实践教学整合平台，建构起专业课程实践教学的基本模型，重点解决了广告专业四年课程教学中理论教学与实践教学有机结合的途径和方式。这种方式能够让学生按照广告公司模式进行合理分工、寻找业务项目、洽谈签定社会项目、开展项目调查、完成项目策划设计并展示项目效果等环节；同时，学界和广告业界的双方教师共同指导学生，让学生大学期间的学习由始至终贯穿“项目进课堂”的教学特色，并且让学生在实战中体验广告运作的全过程。最后，毕业设计展示的环节能够提升学生作品在社会中所获得的认同程度和影响力，为学生就业、创业提供动力和条件。

创新型实践人才培养是根据市场经济的客观要求，围绕应用性创新人才培养模式的基本构成要素——素质、知识、能力三个体系，开展的一系列教学改革与实践。无论是依托新闻传播学科优势、艺术设计学科优势、经济管理学科优势，还是综合性多学科优势而设立的广告学本科专业，都脱离不开创新性的人才培养模式，也不能忽视广告实践性强的专业特点。“社会项目进课堂”作为一种新颖的教学特点和人才培养方式已经在部分高校的教学中取得了较好的成绩，可以说是广告创新性实践型人才培养机制的有益尝试和探索。

中国—东盟博览会作为永久会址落户南宁，环北部湾经济圈形成并作为国家“十一五”期间的重点规划项目，如此良好的发展背景给广西带来无限商机与发展空间。和市场经济结合最为紧密的广告学专业应该更紧密关注市场需要，积极思索今后发展的方向，培养适应市场要求、经得起市场检验的实践型广告人才。

（本文为 2010年广西教育厅科研基金项目“基于广西文化产业新发展的艺术传播人才培养机制研究”成果，项目编号1010LX314）

创意实战模块在“广告创意”课程教学中的设计及启示

丁　洁　汤晓山

摘要：“广告创意”课程是指导学生产生优质创意的课程。在长期的教学实践中，“广告创意”课程在观念、教学模式、教学方法都有所创新。本文以其中的创意实战模块为核心，探讨在理论实践与市场紧密结合的理念下引入大学生专业竞赛平台之后，如何进行科学的教学环节设计，以及创意实战模块对“广告创意”课程教学与创新方面的重要启示。

关键词：创意实战　教学模块　教学方法

现代广告创意活动与时代结合紧密，广告创意的性质和内容会因现代市场营销活动、传播活动方式的发展而不断变化。“广告创意”课程的教学过程必须紧跟时代的步伐，注重对学生的创意素质、修养以及综合能力的培养，着重让学生学会并善于运用创造性思维解决各种问题，这是“广告创意”课程教学的本质。多年来，笔者一直在为学生提供和打造专业实践平台上进行积极探索和实践，为课程确立了“一个中心，二个平台，三个结合”的“一二三”教学观念和教学目标。“一个中心”即以创造性思维培养为中心；“二个平台”即以市场项目为平台，以学生大型比赛为平台；“三个结合”即在课程中实现多学科交叉结合、与素质教育结合、与大学生就业创业能力培养结合。围绕着对学生观念、素质和能力全方位培养的目的，在教学实践中将“广告创意”课程解构成四大教学模块，即广告基础模块、市场营销策略与广告策略模块、广告创意理论与实践模块、广告创意实战模块，又在最后的广告创意实战模块中，引入大学生专业赛事作为一个关键的教学环节，由与市场紧密结合的创意实战来完善学生的理论知识和技能体系。

一、以大学生专业赛事为实战平台

多年来，笔者所从事的广告教学一直秉承“项目引入课堂、多学科交叉”的办学特色之路，着力培养创新型、复合型人才，着力研究广告专业多学科交叉的人才培养创新模式。为了适应社会发展对未来教育和人才培养提出的新要求，我们在对“广告创意”课程广告创意实战模块的改革与创新——课程与企业实战相结合的多年探索中，实践了创造性思维培养的教学方法，总结出更为完善和科学的广告教学方法。而后，为了从进入课堂教学的市场实战本土项目中“走出去”，扩宽学生的眼界和进一步提高创意实战水平，我们将目光投向了以“大广赛”（全国大学生广告艺术大赛）、“学院奖”、“金犊奖”为代表的几个大学生广告专业赛事。经过多年的赛事积累发现，这几个在全国广告专业教育届热潮不断的大赛，其所有选题均面向社会征集，企业根据营销战略实际需要进行当年度的命题设计，将企业营销的实际项目引入比赛作为参赛选题。以 2016 年第八届全国“大广赛”为例，比赛采取全国组委会征集各类企业的广告作品统一命题，这些选题中涉及大量国内外的知名品牌，如 VIVO、洁婷、娃哈哈等。此外，在广告作品类型上，也紧跟时代发展的步伐，增加了具有很强移动互联特色的互动类广告和响应国家创新号召的营销创客类广告，鼓励学生采用广告新思维、新形式、新媒介进行设计和策划，创作出更具市场生机的广告作品。所以，在我们看来，这一平台基本代表了现下行业的需求和标准，有助于把握行业需求和行业标准的变化，对于专业建设和人才定位都有很好的帮助。

二、“广告创意实战模块”的教学环节设计及考量

从教学系统论的观点来看，教学过程是多个有目的、有顺序的教学环节的集合，各环节之间有机配合、相互影响，共同对教学目标的最终实现发挥合力作用。将广告创意实战模块引入大型的学生专业赛事后，不但教学内容更为饱满，由于有了赛事评审、市场反馈等指标的加入，使得教学环节也变得更为全面，学生的基本知识结构和技能要求也得到更为完善的考量。

首先，教师需要在课堂上对学生从提炼一个抽象的广告概念到设计出新颖且有效的广告作品这一完整创意实战过程进行引导。这种引导通常以激发学生的创造性思维为主要目标，使学生学会运用创造性思维去解决各种问题。

其次，在整个创意实战过程中，教师会带领学生以真实市场环境为研究对象，并通过各种手段的市场调查，在市场环境中获得真实的感受。教师需要与学生以企业市场营销策略与消费者心理和需求为主要内容进行反复的讨论，以期引导学生做出较为精准的市场洞察和科学有效的执行策略。

再次，要求学生以 3 到 5 人为一个团队的作业方式，既考验学生在团队中的作用，又考察整个团队的合作精神，还考察教师对所有团队的指导能力。在具体实践中，教师需培养学生的责任感，形成从亲自观察、亲身经历的事情中主动发现问题、独立或相互协作解决问题的态度和实践能力，提高学生对知识的综合运用和创新能力，养成合作、分享、积极进取等良好的个人品质，逐步形成独立工作、相互协作以及分析、研究和解决问题的能力。

最终，教师对学生的作业质量进行评价，并指导学生进一步完善，直至形成参赛作品提交大赛评审，被业界、学界顶尖评委评出各种奖项。对比优秀的获奖作品，学生也能在这个过程中找到自己与别人的差距，了解到自己的不足，这样课程就达到了事半功倍的教学效果。

从以上的教学环节中可以看到，当课程中引入“大广赛”之后，使得一门原本只有教师和学生双方参与的课程，变成了综合学校、教师、学生、市场、业内专家等多项教

学主体参与，贯通了专业教育、素质教育和职业教育多个维度的动态的教学过程。课程教学的更多重要工作需要教师在课前或者课后完成，如课前，教师就要分析和领悟策略单，并进行相应的基础调研，课后还需根据学生的知识结构以及学生的能力制定相关的教学对策，这就需要教师在授课前的准备、课堂教学的实施以及课余时间的辅导等诸多方面提高自己的教学能力。同时，在整个教学过程中，师生之间的人际交往、思想交流和相互合作，也是促进学生学习知识、在课程中提高各种能力的重要保障。

三、“学”“术”结合的教学方法

根据现代整合营销传播理念，整个广告的行销过程，就是试图同消费者沟通以获得消费者认同的过程。沟通技巧所依靠的是广告人的“学”“术”智慧，这种创造性的思维智慧是建立在理解掌握传播学和营销学基本理论，充分了解受众、媒体等要素和精准洞察社会、市场、消费者的基础之上的。通常，理论层面的教学只能把常识性的基础原理教给学生，但是由于没有实践，这些原理和概念成了海市蜃楼，学生看得到，摸不着，便会在理解上有很大差异。在“广告创意”课程的教学平台上，“学”属于理论教学的部分，主要集中在传播学、市场营销学和文化艺术三个理论层面；“术”属于技能教学的部分，主要集中在传播技巧、市场营销术和设计执行三个技能层面。大学生专业赛事平台的引入，使得广告创意实战模块的教学内容和环节都变得丰富，于是对教学方法的要求显得特别的高。教师自身必须有广告创意的全面知识结构以及较高的素质要求，在“学”“术”上都有相当的造诣，才能

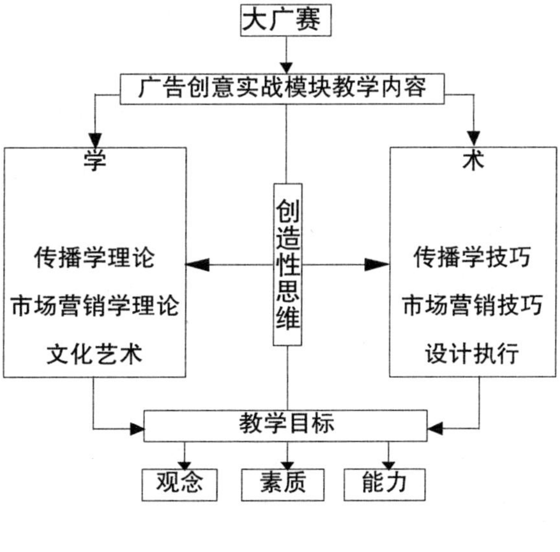

图1　以“大广赛”为平台的广告创意实战教学模式

使学生觉得不单单是在做比赛，也是在学习，学习如何参与到实际项目当中去寻找问题、解决问题，从而真正完成“广告创意”课程四大模块的教学，达到预期的“一二三”教学目标。

广告创意实战模块的教学运作同样围绕着“一二三”教学目标中观念、素质和能力教学而展开。从图 1 中可以看出，在引入学生专业竞赛这一平台之后，广告创意实战模块中“学”与“术”的教学自成体系，又在相对应的层面彼此呼应，以创造性思维为中心，“学”“术”双轨相辅相成互为支撑，共同构成了与“一二三”教学观念及教学目标相匹配的创意实战教学法。这样的教学方法既完成了对学生进行广告创意相关知识的传授，又促进了学生以创造性思维为中心的传播观念、营销观念和广告创意观念的形成；同时，引导学生通过传播技巧、营销技巧以及创意执行技巧的训练，在整个实战过程中培养了其各种综合素质。

具体的做法是在“广告创意实战”环节中指导学生参与专业竞赛，结合竞赛提供的选题命题，模拟市场运作环境，创意小组模拟广告公司，教师兼任客户和创意总监。创意小组的作业过程与实际广告作业相同，必须经过市场调研、策略了解分析、创意比稿、小组提案、沟通协调等各个环节，同时，也鼓励学生尝试模拟国内外市场上和广告业界的一些经验和做法去开展工作。通过这些实践，学生们可以直接接触这些知名品牌的市场策略和概念，以此完善自己的理论体系，验证自己对社会、市场、消费者的洞察。这样“学”“术”相结合的教学使得学生们身处校园时可以尝试着用自己所学的知识和自己的创造投入广告实战中，努力与社会沟通、与消费者沟通；同时，他们也会主动要求更好地掌握“学”与“术”的能力，主动去吸纳知识，锻炼自己的创造力——这也是广告创意实战模块引入学生专业赛事平台的目的所在。

经过多次反复的教学实践，“学”“术”相结合的双轨教学法扩展应用至整个“广告创意”课程教学体系，使得整个课程教学过程都包含了“学”与“术”相结合的教学内容，取得了显著的教学效果——学生的宏观与微观的整体观念、市场观念、沟通观念以及创造性意识得到提升，同时锻炼了其观察能力、动手能力、小组协调、互相帮助、团结作战的团队合作能力，培养了专业素质以及做人的基本素质。

四、“广告创意”课程实战教学革新的重要意义

推进我国广告教育的发展，思想和观念的更新是先导，教学工作的改革是核心，教学体系的完善是关键。不断发展的“广告创意”课程教学，使得“广告创意”课程的本身成了一个动态的、发展的理念，更能激发大学生们的创新灵感，提高他们的实践能力和创新能力，培养团队精神，丰富他们的课外生活。在对“广告创意”课程教学模式的创新思考中，将学生专业赛事等实战项目引入“广告创意”课程，让真实的广告项目进入课堂，在理论框架中注入鲜活内容，进而开展实践性操作，不仅可以激发学生作为大赛参赛者的竞争意识，培养学生的创新精神和创新能力，更重要的是它给予我们教学改革以深刻思考。我们的课程由于这一实战平台的参与而得到优化，使整个创意教学体系能紧跟时代步伐，更具专业特色；同时，课程教学模式的发展能及时帮助教师调整教学内容，提高自身的教学水平，完善专业素质。这种动态的教学体系有助于建立一种良性循环——更新的实践教学模式、更完善的实验教学体系，从而进一步完善培养创新能力的措施。对于“广告创意”课堂上的学生而言，将大赛引入课堂，培养了他们的专业素质与综合素质。对于广告专业教师而言，教学与实战相辅相成，共同提升了广告学专业的教学实力。

在“广告创意”课程教学上所建立的这种良性循环，为广告学专业教育教学改革提供了丰硕的教学成果，提供了将产、学、研相结合的教学研究模式探索和实践的平台，为应用学科的发展和教学理论研究提供了经验，对培养创新性文化创意人才，推进高校的艺术设计研究与应用理论发展具有重要意义。同时，这样的改革实践也有利于打破学科局限，整合多种资源，实现多学科交叉，提高教学质量，符合当今世界高等教育和改革的大趋势。

参考文献：

[1] 汤晓山，周景秋. 广告创意教程 [M]. 南宁：广西美术出版社，2008.

[2] 蔡敏. 美国著名大学教学评价的内容特征 [J]. 外国教育研究，2006(6).

[3] 王智萍，姚利民. 高校发展性学生评教之特征 [J]. 高等教育研究学报，2007(1).

[4] 郑丹平，蔡子父. 与世界共舞——广告课程体系的“理想化模式”[J]. 云南财贸学院学报，2002(3).

[5] 汤晓山，丁洁. 论“广告创意”课程教学与创新 [J]. 教育与职业，2012(14).

大学生广告专业赛事对“广告创意”课程评价体系的更新

丁　洁

摘要：在“广告创意”课程教学的实践环节与市场紧密结合的理念下，通过科学的教学环节设计、教学实施，教学的质量得以提升，教学效果得到优化。本文探讨了在“广告创意”课程中引入大学生广告专业赛事后，使学生在理论实践过程中与市场紧密结合，产生了动态的广告教学评价体系，对“广告创意”课程教学与创新发展有着重要的启示。

关键词：大学生广告专业赛事　创意实战　评价体系

现代广告创意活动与时代结合紧密，广告创意的性质和内容会因现代市场营销活动、传播方式的发展而不断变化。“广告创意”课程的教学过程必须紧跟时代步伐，注重对学生的创意素质、修养以及综合能力的培养，着重让学生学会并善于运用创造性思维解决各种问题，这是“广告创意”课程教学的本质。多年来，笔者从教的广告学专业核心课程“广告创意”在注重学生创意理论培养的基础上，一直在为学生提供和打造专业实践平台，并以培养学生的创造性思维为理念，在课程中引入了市场项目和大学生广告专业赛事两个创意实战平台，以期在课程中实现多学科交叉结合、专业知识教育与综合素质教育结合、专业知识与大学生就业创业能力培养结合。通过这样理论实践过程与市场紧密结合的教学设计，“广告创意”课程的教学目标、教学方法、教学材料、教学进度都发生了明显的变化，从而产生了对教学质量和教学效果的重新评估和考量。

任何一种课程评价体系的形成都有特定的教学观念作支撑。“广告创意”课程的整个教学运作是围绕着培养学生的观念、素质和能力而展开的，由与市场紧密结合的创意实战来完善学生的理论知识和技能体系。这种教学观念的变化体现在课程评价模式的结构中，并渗透评估内容、评价主体以及评价对象的选择等方面。在对“广告创意”课程评价体系的创新思考中，大学生广告专业赛事作为课程中“广告创意实战”的一个环节被引入“广告创意”课程的实战教学平台中，取得了良好的教学效果，也总结出了一定的经验。“广告创意”课程在这一平台上不断探索并构建出与创造性思维相适应的动态教学评价体系，从而促使广告创意课程教学得到全面而完整的发展。

一、引入大学生广告专业赛事使教学环节更为丰富

全面、客观地评价教师的教学质量，必须对教学中的每一个环节都进行认真的了解和检查。在“广告创意”课程的实战教学平台上，理论教学的部分主要集中在传播学、市场营销学和文化艺术三个理论层面；而技能教学的部分则主要集中在传播技巧、市场营销术和设计执行三个技能层面。理论体系和技能体系在相对应的层面彼此呼应，形成“广告创意”课程教学要点。

（一）课程教学方式得到更新

近年来，被各高校相关专业熟悉的大学生广告专业赛事有教育部高等学校新闻传播学类专业教学指导委员会主办的全国大学生广告艺术大赛、中国广告协会主办的中国大学生广告艺术节学院奖、由台湾时报传媒集团面向全球华文大学生创办的“金犊奖”等。《国家中长期教育重大改革和发展规划纲要》提出，要建立高校与企业联合培养人才的新机制。在大学生广告专业赛事进入实战教学平台的过程中，这些比赛无疑成为一个恰到好处的创意实战环节：它们的所有选题均面向社会征集，所有创作素材均来自一线的企业；企业根据营销战略实际需要和运作要求进行当年度的命题设计，将企业营销的实际

项目引入比赛作为参赛选题。企业不仅提供素材，还参与评审；不仅企业参与，专业广告公司的资深人士也参与；不光企业和广告业界参与评判，院校的资深教授也是其中的评委，三方合作，对学生的作品做出最终的评审。这样的大学生专业赛事能把三方的意见融合在一起，共同来审视学生的作品、来指导教学，这是较为先进的教学理念。教师在“广告创意”的课堂上指导学生参与这些选题，模拟市场运作环境，创意小组模拟广告公司，教师兼任客户和创意总监。创意小组的作业过程与实际广告作业相同，必须经过市场调研、策略了解分析、创意比稿、小组提案、沟通协调等各个环节。

这样的教学设计让教学环节得到了充分的发展。首先，教师引导学生从提炼一个抽象的广告概念到执行出新颖且有效的广告作品的完整实践过程，使学生学会运用创造性思维去解决各种问题。其次，在整个实践过程中，教师带领学生以真实市场环境为研究对象，并在此环境中获得真实的市场感受。在进行广告创意的过程中，教师教学的内容主要为企业市场营销策略与消费者心理和需求，这个过程教师需要与学生进行反复的讨论。再次，在整个课程中，要求学生以 3 到 5 人为一个团队的作业完成方式，既考验学生在团队中的作用，又考察整个团队的合作精神，还考察教师对所有团队的指导。在具体实践中，教师需培养学生的责任感，使其形成从自己亲自观察、亲身经历的事情中主动发现问题、独立解决问题的态度和实践能力，提高其对知识的综合运用和创新能力，养成合作、分享、积极进取等良好的个人品质，逐步形成独立工作、相互协作以及分析、研究和解决问题的能力。最终，学生的作业在参加大赛中被业界、学界顶尖评委评出各种奖项，对比优秀的获奖作品，学生也能在这个过程中找到差距，了解到自己的不足，这样课程就达到了事半功倍的教学效果。

（二）丰富的教学环节加强了对任课教师的要求

当课程中引入大学生广告专业赛事之后，课程教学的更多重要工作需要教师在课前或者课后完成，如，课前，教师就要分析和领悟策略单并进行相应的基础调研，课后还需根据学生的知识结构以及学生的能力，制定相关的教学对策，在整个教学过程中，师生之间的人际交往、思想交流和相互合作，是促进学生学习知识、在课程中提高各种能力的重要保障。于是，“广告创意”课程对教师的要求显得特别的高，教师自身必须有广告创意的全面知识结构以及较高的素质，自己在课程相应的理论体系和技能体系上都有相当的造诣，才能使学生觉得不单单是在做比赛，而且也是在学习，学习如何在实际项目当中去寻找问题、解决问题。

二、构建可发展、多样化、基于教学全程和课后的动态评价体系

优秀的课程需要良好的课程评价体系去检验课程的教学质量，从教学系统论的观点来看，教学过程是多个有目的、有顺序的教学环节的集合，各环节之间有机配合、相互影响，共同对教学目标的最终实现发挥合力作用。从丰富的教学环节上看，“广告创意”课程的本身就实现了一个动态的、发展的理念，因此，对于广告教学评价不应局限于了解评价教师教学态度是否认真，备课是否充分，讲解是否清楚等。除了教师的课堂教学表现以外，应该着重考察教师课前的备课以及课外的辅导；还应该考察学生的学习成果，进一步关注教学过程中学生的兴趣是否得以激发，学习主动性是否得以调动，学生潜能是否得以发展等，教师也能够由此对自己的教学方法、教学内容进行调整，改进自己的教学思路。基于对学生创造性思维培养这一中心，同时秉承着发展性教学评价的理念，以人为本，以促进“教”“学”双向发展为主要目的，新的课程评价体系必须用动态的、发展的眼光对教学全过程各个环节进行系统评价。

（一）评估内容得到极大拓展

在一般广告学专业课原有的课程评价体系中，教师的课堂行为以及老师教、学生学的效果，是绝对的课程质量评估内容；由于在“广告创意”课程的实战教学平台中引入了大学生广告专业赛事作为课程中“广告创意实战”的一个环节，教学环节的丰富使得“广告创意”课程的评估内容得到了极大的拓展。新的评估内容指标建立在教学全程各环节上，除延续考量原有的教学效果外，由于加强了对任课教师能力的要求，教师的理论知识体系和实战能力体系也被纳入新的评估内容中；相应的，这一教学实践平台是一种

特殊的教学过程，在教与学的实践中，学生学会了研究、沟通、创新、整合、执行和解决问题，提高了综合素质，使大学生与职场又近了一步，于是，学生理论体系及技能体系的培养和拓展、专业能力的提升情况也成为考量课程教学质量的指标之一。另外，大学生广告专业赛事的参与，使得课程教学成果极大程度地需要面对行业专家和市场的检验，这一内容也被囊括进新的课程教学评价体系中。

（二）评价主体的选择顺应了新的教育教学理念

在评价主体的选择上，原有课程评价体系一般为学生评教以及教师自评，而由于在课程教学中，将大学生广告专业赛事引入课堂，使得赛事中“政府指导，院校主办，企业参与”的办赛方针也渗透到教学中。在大学生广告专业赛事的“创意实战”平台上，新的评价主体则由学校、教师、学生、市场以及业内专家构成，这样的评价主体构成贯通专业教育、素质教育和职业教育多个层面。学生用在学校里学到的理论和知识，根据赛事中现实企业的选题要求，直接面对市场与客户的需求。通过参与“大广赛”一试身手，校正了高校办学中理论与实践脱节所存在的问题，契合了《国家中长期教育重大改革和发展规划纲要》提出的高等教育要主动服务行业企业人才需求的要求。

（三）评价对象不再单一

大学生广告专业赛事这个课程实践环节起到了激发大学生的创造性思维与创意灵感，提高大学生的实际动手能力、策划能力、协调组织能力的作用，同时促进了“广告创意”课程教学内容和教学方法的改革。对于“广告创意”课堂上的学生而言，将专业赛事引入课堂，培养了他们的专业素质与综合素质。对于广告专业教师而言，教学与实战相辅相成，共同提升了广告学专业的教学实力。于是，对于新的课程评价体系中评价对象的选择，也不再像原来只是考量教师的课堂教学这一项指标，而更多地考量教师和学生双方的能力，这是双向的教学相长。

所以，我们可以看到，原有课程评价体系是一种表现式的、固化的静态评价模式，而大学生广告专业赛事作为课程中“广告创意实战”的一个环节被引入“广告创意”课程的实战教学平台后，一种可发展、多样化、基于教学全程和课后的动态评价体系应运而生。新的教学评价体系比原有的课程评价体系丰富许多，在评估内容、评价主体、评价对象上都更为饱满——评估内容涉及教学的全过程，包括授课前的准备、课堂教学的实施以及课余时间的辅导；此外，除学生评教、教师自评之外，教学的评价主体有了赛事评审、市场等指标的加入而变得更为全面；评价对象不但需要重视和了解教师在课堂上及课后是否对学生提供了全方位的指导或帮助，同时也需要充分了解学生学习的全过程及其学习效果。

三、“广告创意”课程评价体系更新的重要意义

推进我国广告教育的发展，思想和观念的更新是先导，教学工作的改革是核心，教学体系的完善是关键。对于“广告创意”课程中创造的这个新的平台本身而言，将专业教育、素质教育和职业教育贯通，扩大了广告教育的辐射力和影响力，拓展了广告教育的内涵。不断发展的“广告创意”课程教学，更能激发大学生们的创新灵感，提高他们的实践能力和创新能力，培养团队精神，丰富他们的课外生活。以大学生广告专业赛事为平台的广告创意实战教学的改革与实践，为我们广告专业教育教学改革提供了丰硕的教学成果，提供了将产、学、研相结合的教学研究模式探索和实践的平台，为应用学科的发展和教学理论研究提供了经验，对培养创新性文化创意人才，推进高校的艺术设计研究与应用理论发展具有重要意义。同时，这样的改革实践也有利于打破学科局限，整合多种资源，实现多学科交叉，提高教学质量，符合当今世界高等教育改革的大趋势。

我们的课程由于大学生广告大赛这一实战平台的参与而得到优化，使整个创意教学体系能紧跟时代步伐，更具专业特色；课程教学模式及评价体系的发展能及时帮助教师调整教学内容，提高自身的教学水平，完善专业素质。同时，这种动态的教学评价体系有助于建立一种良性循环——建立更新的实践教学模式、更完善的实验教学体系，从而进一步完善培养创新能力的措施。

参考文献：

[1] 汤晓山，周景秋. 广告创意教程 [M]. 南宁：广西美术出版社，2008.

[2] 蔡敏. 美国著名大学教学评价的内容特征 [J]. 外国教育研究，2006(6).

[3] 王智萍，姚利民. 高校发展性学生评教之特征 [J]. 高等教育研究学报，2007(1).

[4] 郑丹平，蔡子父. 与世界共舞——广告课程体系的“理想化模式”[J]. 云南财贸学院学报，2002(3).

（本文发表于《教育研究与实验》2014年第4期）

以创造性思维培养为中心的“广告文案”教学探索

丁　洁

摘要：人们的审美诉求包括消费者对于“好广告”的评价标准在不断发生变化，广告文案越来越成为使广告作品“锦上添花”的手段，将诉求对象的注意力引向产品，并有效地传达信息、帮助销售，才是广告文案的最终目的。而在传统的广告文案创意思维中，广告文案总是被定义为文案人员施展文学才华的“目的”而孤立考虑。于是，“广告文案”课程教学的创新与改革是现代艺术类专业高校必须面临的问题。文章根据笔者长期的教学实践，就此类课程教学的创新与改革提出了自己的观点，指出课程教学改革首先树立以创造性思维培养为中心的教学观念，并在教学应用中实践了体验—探究式教学模式，并配以相应而又灵活的教学方法，对艺术类高校中“广告文案”课程教学改革做出了相应的探索。

关键词：广告文案　创造性思维　体验　探究　教学模式

“广告文案”是广大高校广告学专业开设的一门专业必修课，其意义和作用在于以培养学生的广告文案鉴赏能力及写作能力为核心，使学生掌握基本的广告文案写作的方法、原则、特点和技巧，为此后广告创意的执行打下坚实的基础。同时，要求学生通过本课程学习，进一步加强语言文化修养和文学功底，通过理论讲授、案例分析的训练，在提高学生广告文案写作能力的同时培养学生的语言应用能力。

在广告创意的执行过程中，人们常常将广告文案视作“画龙点睛”的一笔，文案人员绞尽脑汁想给诉求对象看一些漂亮的文字，听一些好听的话。很多广告为了给商业化的销售说辞一个很隐蔽的包装，在画面表达上拐弯抹角、含糊其辞，只有靠文案才能实现其销售主张。于是，在传统的广告文案创意思维中，广告文案总是被孤立考虑，并没有与广告中的非语言符号相整合，而是被定义为文案人员施展文学才华的“目的”。自我们进入所谓“读图时代”以来，人们的审美诉求包括消费者对于“好广告”的评价标准在不断发生变化，广告文案越来越成为使广告作品“锦上添花”的手段，将诉求对象的注意力引向产品，并有效地传达信息、帮助销售，才是广告文案的最终目的。这一定位与“画龙点睛”不同之处在于，前者在广告作品中并不独立，广告中所有的语言符号和非语言符号被视作一个和谐的整体，而后者则是被动消极的状态，文案本身的好坏决定了广告信息的传达。

一、以创造性思维培养为中心的教学观念

教学模式通常是某种教学理论或教学思想的反映，而不同的教学观念往往会形成不同的教学模式。所以，教学的创新与改革是以教学观念的更新为前提的。与很多综合性大学在新闻传播学学科之下设置广告学专业不同，对于广大艺术类专业大学生而言，他们所学的广告学专业多以艺术设计为基础，专业特点明显，充满着艺术气息，饱含对文化的敏感性。在艺术类的广告学专业的常规教学中，创造性思维的训练多为创意图形训练，是结合图形表达来进行的，这些训练对学生们图形创意能力培养能起到很好的辅助作用，但同时，这些使学生在最终的广告执行上明显的问题——他们的广告文案创作能力与其图形表达能力严重脱节。广告文案的问题往往在作品提案的阶段就显露出来。这些学生在表述自己的广告概念或者是执行点子的时候，语言组织不够精准或不到位，使人感到该表达的没有完全表达清楚，或者语意未尽；有些学生说了半天，总是抓不住重点和中心，如果他们在创意中需要表达比较复杂的现象、事理和情感，这种啰唆和反复就会表现得更明显。其次，学生们的广告画面似乎想表达生动幽默的调性，为设计理

念和情绪的表达增添诱人的魅力，可是蹩脚的文案却将这种幽默感大打折扣，为作品与受众间的互动沟通设置了严重的障碍。再次，由于网络语言的影响，使得很多学生在广告文案的写作上不分情境，词不达意，不仅不能准确地表达其作品的广告概念，造成错觉和误解，更缺乏严密性，显得思维混乱。

学生在广告文案写作上所表现出的问题，归根于他们的语言文字基础普遍比较弱，知识结构单一狭窄，可持续发展后劲不足。因此，为他们所开设的“广告文案写作”课程不仅是一门专业基础课程，更是一门拓宽知识，了解中国文化的素质教育课程。在长期的“广告文案”的课程教学中我们发现，培养学生在广告执行中优秀的文字表达能力，必须树立正确而创新的教学观念，明确教学目标定位，创新教学方法，注重打破学科局限，实现多学科交叉，提高教学质量。如果要想学生既能牢牢掌握理论知识，又能在广告创意实践中灵活应用，进而在更多的领域都能迸发创新意识，达到“既授之以鱼，又授之以渔”的教学目的，就必须不断探索与改革，总结与设计适用于艺术类专业学生的课程教学方法，科学合理地安排“广告文案”课程教学，不断提高教学效果。

以创造性思维的培养为指导思想的广告文案教学是以问题解决为中心的，注重学生的独立活动，着眼于整个课程教学的每一个环节，使学生学会在解决各类问题的同时运用创造性思维的方法对问题进行思考，并提出具有针对性和创造性的意见，从而有效地解决问题，提高学生的创新素质和能力。对以艺术设计为专业基础的广告专业学生而言，他们的设计应用技术，尤其是借助电脑软件的辅助设计能力比较强，但创意水平、创新求变的思考能力缺乏，人文知识综合素养弱化。“广告文案”课程作为专业必修课，如将文字符号同图形符号结合起来进行创意训练，将非常有利于搭建成一个培养这些艺术类大学生综合素质的良好平台，但这就意味着教师必须在该课程的教学中改变单一的文案写作基础知识和基本技巧的教学观念，将创造性思维的培养贯穿于整个“广告文案”教学过程之中。

二、体验－探究式教学模式的应用实践

体验—探究式教学通常是指根据不同类型学生的认知特点和规律，在课堂上创造实际的情境和机会，呈现或再现教学内容，使学生在亲历的过程中理解并建构知识，发展能力，产生情感，生成意义，而这种体验强调了学生的前认知，并导入了新的认知，在这种认知前提下进一步培养学生的探究意识和思维能力。这种关注如何以原有的经验、心理结构和对经验的理解为主来建构知识，强调学习的主动性、社会性和情境性的教学模式，是符合当今建构主义学习理论的，而毋庸置疑的是，从皮亚杰、布鲁纳、奥苏贝尔到斯腾伯格、凯斯，经过近半个世纪的研究和发展，建构主义学习理论在今天已成为指导现代教育、教学改革的主要理论基础之一。

在我院广告策划专业的培养方案中，学生从大一至大三，必须完成三段式专业必修课程——“语言文化欣赏”“言语应用艺术”“广告文案写作”的学习。这三段式课程使得广告学专业的学生们在学习图形创意的过程中，同时展开由“欣赏”“应用”到“专业应用”的对文字语言表达的学习和体验。对于广告学学科下其他的专业方向，文字语言类课程只开设有“广告文案写作”，所以对于这些专业方向的学生而言，这门课程既必须与其他核心课程相辅相成，又必须承载着其在学生语言表达能力培养及综合素质培养等方面的重要作用。

按照“问题—假设—推理—验证—总结提高”这样的教学的基本程序，将体验—探究式教学模式融入“广告文案”的课程，通过精心设计案例，布置模拟环境，组织学生现场实践等教学活动，将学生纳入体验—探究式的教学体系中，使学生亲自动手和体验求知的过程，能够从真实案例、模拟环境中获得知识和掌握技能。这种体验—探究式教学模式首先要求教师创设一定的问题情境并提出问题，然后组织学生对问题进行猜想和做假设性的解释，再设计实验进行验证，最后总结规律。如全国大学生广告艺术大赛、时报金犊奖等一些面向大学生的广告大赛，不但为广告创意设计课程提供创意实战平台，也适用于在“广告文案”课堂上实施这样的体验与探究。这些广告大赛的所有选题均面向社会征集，企业根据营销战略实际需要进行当年度的命题设计，将企业营销的实际项

目引入比赛作为参赛选题。以第四届全国“大广赛”与第二十届时报“金犊奖”为例，这两个比赛同时在2011年上半年进行，选题中大部分是国内外的知名品牌或产品，如雀巢咖啡、永和豆浆等，对于这些品牌或产品，无论任何专业的学生都有一定的认知基础。笔者同时带领广告策划专业与播音主持专业学生参与语言应用的创意体验，着重从广告文案写作入手，鼓励学生多做比赛中“文案对白项”“广播广告”等文案写作占据较大份量类别的作品。尽管播音主持专业的学生并没有任何的广告学学科基础，但笔者依然尝试使用体验—探究式教学模式，在课堂上模拟市场运作环境，学生三至五人组成创意小组模拟广告公司，教师兼任客户和创意总监。创意小组的作业过程与实际广告作业相同，必须经过市场调研、策略了解分析、创意比稿、小组提案、沟通协调等各个环节。尽管这两个专业的学生在学科背景上大不相同，但都在文字这种共同的语言符号应用的体验下找到了广告大赛与本专业相通的实践途径，他们都尝试着用自己所学的知识和自己的创造，努力与社会沟通、与消费者沟通，他们的实践作品通过广告文案呈现出来，并可以与美术类学生共同完成视觉部分设计。这样的学习过程，学生们不但不排斥，反而都很感兴趣，并且热衷于某个创意的表达探究和作品创作过程中的各种情绪体验。而通过撰写广告文案，使得这些艺术类的学生获得了属于自己的关于社会、市场、消费者的洞察，激发了他们对市场营销和企业管理的兴趣，增长了他们的社会责任意识，为他们将来的就业和创业之路打下了基础。这整个过程提升了学生的沟通能力以及创造性意识，锻炼了学生的观察能力，动手能力，小组协调、互相帮助、团结作战的团队合作能力，培养了学生的专业素质以及做人的基本素质。在参与到笔者这次课程体验的学生中，不但在这两项比赛中有多组作品获得文案对白项专项大奖，一组播音主持专业学生的作品还获得了平面设计类全国一等奖的好成绩，学生们为这组作品撰写的广告口号深得大赛评委及选题企业代表的好评。为此，该企业还特别予以创作者赴美国企业总部参观的奖励。除此之外，这两个专业的学生中，有三组同学代表学院参加大学生创业计划大赛，他们在课程中得到锻炼的创造性思维能力在这样的比赛中得到了良好的展现和发挥，这三组创业计划方案分别获得了一、二、三等奖，并都在现实中真正开始了他们的创业实践。

可以看到，这种体验—探究式教学改变了以教师为主导的传统授课方式，重视学生的感觉体验和认知，注重情感、态度和对知识技能的直接接触，使学生主动地在实践中进行学习。而教师则通过创设宽松、民主、教学互动的学习情境，重新设计和组织教学内容，利用案例分析、情景设计、角色扮演、游戏演练、模拟实验等方法和手段，让学生分工协作参与到事先设计的虚拟情境之中，自主地运用创造性思维发现问题、分析问题、讨论并解决问题，不断总结经验，最终获得知识和培养技能。这种主动的学习方式，不仅加深了学生对知识的认知和理解，使学生熟练掌握了有关技能，培养和锻炼了其思维能力、表达能力和创新能力，同时，还增强了学生的团队精神，提高了其团队协作的意识和人际交往能力。

树立以创造性思维培养为中心的教学观念，适时采用灵活多变的体验—探究式教学方式，“广告文案”课程可以为艺术类高校教学实践实现多学科交叉，培养“厚基础、宽口径、强能力、高素质、广适应”的人才提供平台。当我们将广告文案写作训练作为一种与图形绘制训练相辅相成的创意教学时，对于这些艺术类大学生创造性思维以及创造能力的培养会有更丰富的教学手段，也对学生全方位的素质教育培养有充分的能动作用。我们会很高兴地看到，还在校园内的大学生，可以用更丰富的方式对自己的思想进行表达，这些对文化艺术有着充分敏感的孩子，通过课堂上的这些体验与探究，会开始尝试着去体验象牙塔以外的世界，尝试着去为未来中国的市场把脉……这是一幅多么美好的图景。

参考文献:

[1] 高志宏，徐智明. 广告文案写作 [M]. 北京 . 中国物价出版社，2002.

[2] 张树庭. 广告教育定位与品牌塑造 [M]. 北京 : 中国传媒大学出版社，2005.

[3] 盛群力. 教学设计 [M]. 北京 : 高等教育出版社，2005.

[4] 汤晓山，周景秋. 广告创意教程 [M]. 南宁 : 广西美术出版社，2008.

声明: 本文在撰写过程中，除注明出处的文献外，援引了部分中国高等教育学会广告教育专业委员会理事长、全国大学生广告艺术大赛组委会副主任、国家广告研究院院长丁俊杰先生在第四届全国大学生广告艺术大赛颁奖典礼上的观点。

（本文发表于《学术研究》2012年第6期）

“广告美学”课程教学改革初探

罗　奕

摘要：“广告美学”课程是本科广告学专业的一门重要专业课，它通过总结广告文本的审美规律来指导学生相关专业知识学习和运用。对该课程的教学改革应从完善课程知识体系、改进课程教学方法、编写高质量教材及建立科学的课程考核评价体系几个方面来着手。

关键词：广告美学　课程　教学改革

“广告美学”是本科广告学专业课程设置中的一门重要课程，它是研究广告中审美现象和广告艺术表现的美学规律及广告审美心理特征的应用美学学科，是广告学和美学相结合的交叉学科。广告美学的基础理论能指导广告创作实践，具有社会使用功能和市场价值。因此，完善本课程教学内容，改进课程教学方法，编写高质量教材，对于培养学生良好的广告审美素养具有重要作用。

一、多学科交叉融合，及时完善课程的知识体系

广告活动是一个复杂的过程，广告审美贯穿这个过程的始终。亚里士多德说过，爱

美是人的天性。审美现象之所以会产生，其根本原因在于美是人的正价值的外部显现。[①]有美学意义的广告是指一种高明者的行为，是将广告做得有趣，做得具有艺术性。据相关研究发现，漫不经心的收视往往是审美效应发生作用的最好时机，当广告以美的形态出现时，它会漫不经心地直击消费者心里，产生意想不到的审美效果。[②]由此可见“广告美学”课程的重要性和必要性。一般来说，“广告美学”课程的内容包括：广告审美的发生机理、广告审美心理、广告内容之美与形式之美、不同媒体广告文本的审美方法与审美技巧等。从学科背景上看，它以广告学和美学为出发点，又涉及文学、心理学、艺术学、营销学等多学科知识。因此，一方面，教师需要根据教学需求合理安排教学内容，运用各学科的知识合理安排各章节之间的关系，从而不断完善知识体系。另一方面，本课程为对广告现象背后的审美规律的归纳和总结，但广告学专业知识更新速度快，这对教师教学内容的准备提出了较高的要求。如果不及时对教学内容进行补充和更新，则会使得内容陈旧，缺乏新意，同时相关新理论或新观点会影响广告的审美效果。因此，教师需要随时保持创新意识，依据时代的变化合理设置教学内容。

二、以“互动”为关键词改进教学方法，提高学生的实际创作能力

本科教育是以实际操作为落脚点的，本课程的教学目的不仅仅是让学生掌握广告审美的规律，更重要的是培养其通过独立思考与创作，完成优秀的广告作品。因此，在教学中采用灵活的教学方法和手段，培养学生独立思考、独自创作的能力尤为重要。“互动”应是教学的关键词和共同点[③]，通过改变学生在课堂上的被动地位，调动学生的积极性，将理论知识转化为创作能力，有以下几种具体教学范式：

① 罗奕：《浅析广告心理的审美法则》，《艺术与设计》(理论)，2009年第5期。

② 郑建中：《关于广告美学应用的几点阐述》，《中国广告》，2004年第6期。

③ 王惠蓉：《关于本科院校广告学专业课程教学改革的思考》，《集美大学学报》，2009年第4期。

（一）理论与案例相结合的授课范式

理论是现象之下本质规律的总结，广告美学相关理论是理解和掌握广告之美的出发点和立足点。然而纯粹的理论讲授如空中楼阁，效果不佳，加入相关案例的教学范式与传统的教学方法相比，更加重视鼓励学生独立思考，引导学生由注重知识变为注重能力，充分体现双向交流的优势，使课堂教学由枯燥乏味变为生动活泼，并充分调动学生的积极性，将理论知识转化为创作能力。在这一教学范式中，教师应注意摒弃主观成分，选择案例要贴切恰当，与所学理论联系紧密，可以起到有力的解释说明作用。

（二）以小组为单位的讨论教学范式

这一范式是以小组单位，学生主讲及教师及时点评，它可以培养学生的主体意识和创造能力。在这一教学范式中需要教师预先做好设计与组织，如明确讨论目的，精心设计讨论题目、提供资料、启发思路，进而选择恰当的讨论形式组织学生展开讨论，引导学生辩论和思考，大胆发表自己的见解，最后合理把握讨论过程并对讨论结果进行正确引导。此种方法不再是教师的单向传播形式，通过让学生相互启发和相互探讨，实现了知识的双向传播与吸收。如在讲到“广告内容之美”这一知识点时，可以通过选择一组广告，组织学生以小组讨论的形式，研究其成功和失败的深层社会原因，并通过发散性思维的碰撞与融合，触类旁通，从而实现激发创造性想法的目的。讨论式教学法以特定问题为中心，以师生之间的平等对话为途径，以团队合作为依托，更加有利于培养学生的创新精神和创造能力，为创作出符合美学规律的广告提供更多的思维路径。

（三）模拟真实场景的模拟式教学法

模拟式教学法是指学生在教师指导下扮演某一角色从而进行技能训练的一种教学方法。它通过为学生模拟近乎真实的训练环境，提高学生专业技能，这一教学方法可帮助学生提高广告职业技能。在广告的创作中，广告的从业人员经常需要与广告客户进行沟通，沟通的效果如何将直接决定广告创作是否舒畅。在教学中，通过教师扮演客户，学生扮演广告从业人员，模拟客户提案现场，围绕学生创作的广告文本进行互动沟通，从而帮助学生体验广告实战过程，提高其沟通能力。模拟式教学法要求事先做好布置，设置较为真实的场景，学生在课堂上能广开思路，积极发言，加上教师的充分引导，共同参与达到改革目的。

三、及时总结教学经验，编写更利于学生接受的高质量教材

教材是一个课程的核心教学材料，它的作用在于向学生传授知识、技能和思想。因此，在编写教材时，要求既有理论深度又有具体案例，做到深入浅出；同时，还要结合教学的效果，及时更新专业知识。“广告美学”是对广告创作和传播中的审美规律及其表现形式的总结，是广告美学研究成果系统化的最佳形式。但是，作为本科类广告学专业开设的一门专业基础课，本课程可供选择的相关教材却寥寥无几。目前，以“广告美学”为题的相关教材仅有四五本，这些教材中普遍存在一些问题，如过于偏重阐述美学的相关理论，广告案例少，较为生涩难懂；或者以偏概全，只讲述广告内容之美而忽略广告形式之美。在实际的教学中，常常出现可供教师选择的教材少，甚至无合适教材的尴尬境地。因此，要真正实现“广告美学”课程的教学改革，提高教学效果，编撰与课程相匹配的教材刻不容缓。授课教师应该及时总结教学经验，提炼好的思路，编写出既有一定理论高度，又能对实际操作有指导意义的高质量教材。

四、建立科学评价体系，确立合理的课程考核办法

本科课程的宗旨之一为强调理论运用于实践，学生既能把握扎实的理论知识，又具备独自创作的实践能力。因此，单一的闭卷笔试不能综合考查学生的专业能力。配合教学改革的要求，实施考试方法改革也是重要一环，“广告美学”课程的考核应将理论考核与广告作品创作实践相结合，依据教学目标的要求合理分配各部分成绩所占比例，最后得出学生该课程的总成绩。考核结束后，教师应根据学生成绩分布情况进行系统分析与总结，找出存在的问题并分析原因，客观地提出教学改进意见，为以后的教学改革实践提供依据。

（本文为广西艺术学院教改项目“广告美学课程教材改革与研究”阶段性成果，发表于《科技资讯》2012年第8期）

艺术类院校广告学学科创品牌道路上的探索

周景秋

摘要：广告学相对于其他学科来说，是一个较新的学科，也是发展得相当迅速的学科。长期以来，广告学教学一直缺乏一个成熟的可借鉴的蓝本。艺术类院校开设广告学学科无疑是一个探索。树立专业品牌一直以来是我们的奋斗目标，在现实的条件还很不完善的情况下，本文从实际的教学模式研究出发，试图探讨更有效的广告学学科建设方法，同时也对目前的学科建设提出质疑及设想。

关键词：打造学科品牌　学科规划建设

“心有多大，舞台就有多大。”“创行业品牌”一直以来都是公司、企业对内激励员工、对外塑造品牌形象的口号。产品需要品牌作为脊梁支撑；国家需要品牌赢得世界尊严。2008 年奥运会的成功举办，让世界重新认识了中国，让中国在世界人民的品牌心理阶梯上跃升了几级台阶，让世界人民领略到中国的睿智和气魄。进入市场经济时代，越来越多的院校开始把“品牌”的价值进行重新审度，纷纷打造品牌院校、名人院校、特色学科、名师带头人……没有长远目标，没有树立品牌的雄心，谈何学科品牌建设?

“品牌”的英文单词 Brand 源自古挪威文 Brandr，意思是“烧灼”。人们借助这种烙印的方式来标记需要与其他人相区别的私有财产。《牛津大辞典》对品牌的解释是“用来证明所有权，作为质量的标志或其他用途”，即用来区别和证明品质，给拥有者带来溢价、产生增值的一种无形的资产。学校输送的产品即毕业生，学校的口碑很大程度上决定了毕业生的出路。因此，各院校、专业纷纷出台政策措施，树立形象打造业界品牌。

广告学教学如何树立具有自己特色的品牌，是各教学工作者一直以来期待攻克的难题之一，尤其是在经济不算发达的西部中等城市的艺术类院校中的广告学学科，要想树立品牌更是有不自量力之嫌。因为无论从市场的大环境背景，还是人力资源结构，或者从教育经费的投入来看，我们都只能望其他名校之项背。但也正因为有了这诸多的限制，才让创品牌这条路，走起来更具挑战意味。

目前，国内的许多高校都设立了广告教育方面的专业及学科，但广告学教学绝不是几本使用手册、几句口诀那么简单，它在诸多的学科领域中属于比较复杂而充满变数的较少的学科之一。首先，其跨越的知识领域比较宽泛，囊括心理学、社会学、市场经济学、传播学、设计艺术学等学科，它基于这些领域的研究基础，并直接服务于市场。由此可见，广告学不能孤立于某项领域之外，应致力于广学识、精专项的研究，同时，也得出广告学的学科方向设置是既可以从广告史论研究、广告美学、市场营销、传播学、公关策划、广告设计中着眼，也可以针对广告运作过程进行通识教学的结论；其次，广告市场风云变幻，面临着全球经济一体化、国内企业走出国门、新媒体不断涌现、社会分工更精细和专业化等现状，滞后的广告人才培养模式将难以应对这不断出新游戏规则的诸多变数；再次，广告从业的门槛可高可低，也因此成为国内近300所高校每年源源不断向社会输送大批毕业生仍出现供应不求局面的原因之一，但正如金字塔的外形一样，能站在塔顶的永远只是少数的精英人士，而市场真正稀缺的也更多是这一类精英人才。

一些国家如美国的广告教育等是趋向职业化培养，这种培养方式有其特定的优势：它把广告运作当成一门技能，学生在学校里就开始了对相关技术门类的熟识，具有较强的实用性。

目前，国内的广告教育有常见的两大模式：新闻传播模式和广告设计教育模式。新闻传播模式注重的是理论知识的教学；广告设计模式注重的是设计技能的培养。厦门大学、中国传媒大学、武汉大学等的广告学教育都走在全国前列，应该说已经树立了行业品牌，具有各自的特色。

一、艺术类广告学学科特点

全国艺术类院校中开设广告学专业的并不多见，更多的艺术类院校开设了以广告设计为主导的教学方向，且多数只是简单地把广告设计课程分为“招贴设计”“包装设计”“视觉识别系统设计”等，并没有明显地区分于装潢设计的教学模式，更没有形成自身的特色以顺应市场需求。在缺乏系统广告理论的指导下，艺术类广告教育存在课类分工不明晰，学生学习目标含糊等问题，使得学生难以理解教学主旨，没有理论高度的提升，在设计中难有系统性和针对性，创作出来的广告设计作品多数只是追求视觉上的绚丽表现而缺乏科学的市场谋略。

艺术类院校的广告学专业依托艺术设计的平台，同时，将“学”这个更具系统理论知识的概念融会在教学中，把策划理论、媒介理论、市场行销理论以及其他人文科学理论中适合广告教育的部分，通过引导实践，使广告学专业的学生在广告学教学的参与中更具目的性。

随着教学软硬件的日趋齐备，2004 年本院广告学专业分出了设计和策划两个专业方向，这是基于广告运作的两大特性来考量的：策划主宰设计，设计辅佐策划，并逐渐增设影视广告设计、新媒介广告设计等多个专业研究方向，以充实完善学科建设。

二、突破局限，创新观念的课程体系改革

（一）合理利用教材

传统的广告教学模式因教材滞后、课堂案例陈旧、创新理论贫乏等多方面因素的限制，导致学生进入社会后无法很快被市场接纳，更多的学生还需要再接受相关基础知识的培训，这与我们的教育目的是相背离的。

众所周知，教材从编撰到出版需历时一年甚至数年不等。我国经济社会的发展正处

于上升的态势，因此国家政策、市场更迭、广告环境等都在急剧变革，缺乏时代性和实用性成为教材的通病，即“看着明白，用着糊涂”，学和用的矛盾似乎永远无法调和。

基于上述原因，我们除了严格把控教材质量外，更多的是鼓励教师自编教材，并通过企业、院校交流等各种有效渠道获取最新的资讯，补充原有教材的不足。对于原教材中常规的、通用的、被实践证明适用性好的部分，采取吸收并进、提炼升华等方式，再运用到教学中。

（二）课堂教学法改革

广告是一门理论和操作性都很强的应用技术。加强实践教学的建设、改革，才能增进教学的实效性，从而达到理论和实践相结合目的，提高教学质量。

情境教学法是我们对西方教育界倡导的“苏格拉底法”的引申。苏格拉底法是通过师生对话的方式进行交流互动，在学习探索中找到解决问题的方法；我们将课程带入全国性的大赛和企业真实项目中，与全国的师生和企业站在同一个平台上对话，在跨地域、跨院校、跨平台间学以致用，达成教学的实效目标。

时代要发展，现实社会必存在竞争，社会才能增强活力。人才培养中一个很重要的环节是鼓励学生参与并适应竞争。过去，但凡广告设计的课程，几乎都是寻找些虚拟题材或做些无关痛痒的公益广告。近几年，课堂教学引入了“金铅笔奖”和全国大学生广告艺术大赛等国内外针对广告专业学生的赛事。大赛给各院校搭建了一个教学成果展示平台，教师通过指导学生参加比赛，直接或间接地从比赛结果中了解教学效果，及时调整教学方法；学生通过参加此类大赛拓展了思维和眼界，了解了艺术设计与广告设计的根本区别，充实了相关的商业讯息，明确了自身的四年大学规划。大赛带来的成就感也大大提升了学生学习的主动性，为其今后的就业铺平了道路。

项目课题式教学法是学生接触市场的又一个窗口。它要求教师具备一定的社会活动能力和实际操作能力，对教师提出了更高的要求，也是对名师型教师目标的一个推进。课程中，学生可以走出校门，亲自参与项目设计，面对面地与广告主接洽，使教学更贴近市场需要。由于引用项目课题式教学法，毕业设计也一改过去的虚拟项目的展示方式，为企业策划、设计真实的项目。通过一系列的与市场紧密结合的课题式教学，学生适应社会的过程大大缩短。

虽然情境教学法拥有众多优点，但学生毕竟缺乏工作经验和社会活动经验，思路往往不切实际，而且项目完成的时间也不一定能与公司规定的保持一致。顺利完成一个比较规范的项目，对指导教师的个人能力和对公司企业的耐力都是一次考验。另外，社会项目与每年定期的学生广告大赛不同，项目进入课堂的时机并无准确预知，不利于恰当安排课程；项目所涉及的经费还没有一个科学合理的核算标准等，这些问题都亟待进行进一步的研究、调整。

（三）课程结构改革

重新调整课程结构，优化主干课程，整合部分课程，注重课程的延续性和关联性。

早前的课程结构存在一定的问题：第一，课程过于繁杂；第二，课程缺乏前后衔接；第三，专业基础模块与技能模块之间出现断层；第四，部分课程实用性不强。针对这些问题，我们对课程进行了整合，比如将广告心理学与消费者行为研究整合，同时增删了一些课程等。这些都是基于对部分用人单位的调查反馈情况分析，以及从广告学与市场的本质关系出发得出的结果。如从对一名合格的广告设计人员的素质要求分析得出：必须洞察消费者心理，关注消费者需求和市场导向，同时，因为设计人员还要面临向广告主推销自己作品的问题，因此必要的专业理论知识、逻辑思维能力也是不可或缺的。广告设计作品除了画面色彩、图文编排等视听上的传播，更重要的是安排一个什么样的载体、情境去传达产品的核心信息即核心概念，这才是广告设计要着力解决的问题，是一个策略问题。因此，广告设计方向的课程除了设计技能课程外，在选修课程中加入市场营销学、消费者行为研究等广告专业理论课程是绝对有必要的，这让学生了解到广告设计在整个广告活动中占据哪个环节，如何更好地与其他部门的同事协作，如何将设计思路推销给广告主等。如此，广告设计的人才培养才基本趋向合理。

课程结构直接关系到学生吸收、运用知识能力问题。本院的广告学专业课程结构主要由三大模块构成：专业基础模块、专业技能模块、专业理论模块。三大模块组合成“一轴两翼”的结构。“一轴”即专业技能模块，“两翼”分别是专业基础模块和专业理论模块，也就是专业技能必须要靠专业基础和专业理论的保驾护航才能更坚实平稳。该结构是经过了多次调查和反复测评后成型的。

（四）因材施教

因地制宜是老祖宗留给后人的生存法则，在现代教育中同样适用，即因材施教。认清目前的条件和现状才有利于加快教改进程：首先，我们艺术类院校的生源与文科类院校的生源在文化素养上存在着很大的差距，文化分数线的划分将艺术类学生与文科类的学生划出了等级；其次，艺术类院校的文学土壤明显稀薄，且缺少综合文化氛围；再次，教学经费的投入无法与一、二类院校相比；最后，地处西部经济不算发达的中等城市，无论是眼界的宽度，还是业内专家水准，都无法与一线城市相提并论。那是不是条件不好，我们就只能坐以待毙了呢？答案是否定的，“适者生存”是亘古不变的真理，提高自身适应能力是现代人必须要学会的。

广告策划从小范围来讲是指某项活动的组织，从大的方面来讲是整个广告活动的主宰。因此，策划对人才的综合素质要求更高，是一种融会了广闻博学、思维敏锐深刻、眼光创新独到、社会活动能力和统筹组织能力较强等的综合行为能力。

广告策划方向在艺术类院校中衍生出来，难免发展中有水土不服的现象，要解决这一问题，我们可以寻找些“近亲”因子来进行基因重组。第一，策划离不开创意点子，艺术类的学生思维活跃，完全具备创意天赋；第二，策划考验一个人的活动组织协调能力，艺术类的学生喜欢互动，喜欢结交朋友；第三，策划指令设计，策划必须了解设计，艺术类院校的空气都弥漫着设计的味道。有了这些“近因”，再来针对欠缺的条件找一些解决的办法：学生的文化基础较弱，可以在课程中有针对性地加强文案写作能力；学生思维活跃，枯燥地进行知识传授不适合他们，那么情境教学法顺应了这个趋势，这种模拟真实的情境的方式也更容易让学生适应将来的职业生涯，在课程中和课程结束后邀请业界人士参与公开考评，分数将会更客观。

广西地处边远的西部地区，却是东南亚与中国联系的核心区域。立足东盟自由贸易区，依托人文地理的优势，独辟地方特色办学蹊径已成为我们教学的主旨，2008年，广西艺术学院广告学荣获国家级特色专业建设点殊荣。

三、结语

每个院校、每个学科专业都在试图创立行业的品牌，但创品牌之路并非坦途，关键在于如何进行资源重组，将资源以数倍的能量进行再利用。

参考文献：

[1] 张发松.中国广告教育批判与泛广告教育[EB/OL].中国营销传播网．2005-09-14.

[2] 加涅·布里格斯，韦杰·凯勒．教学设计原理[M].王小明，等译.上海：华东师范大学出版社，2007.

[3] 黄升民，丁俊杰等．30所高等院校广告教育现状分析及建议[J]．广告新生代．中国广告协会学术委员会.

归本溯源——艺术类广告学实效教学思路

周景秋

摘要：广告市场的游戏规则变幻莫测，导致高校里的教与学、学与用的矛盾突显，在蓬勃发展的美景背后，仍然存在很多迫切需要解决的问题，艺术类院校中的广告学实效教育情况严峻。广告学是一门涉猎广泛的交叉性学科，课程结构除了一定的技术实务，更多的部分必须由系统的理论知识构建。如何让艺术类学生在短暂的四年学习过程中，更系统地掌握广告学的理论知识，制定一套针对艺术类学生的广告教学体系是非常必要和迫切的。

关键词：经济发展　应变能力　整合教学资源　实践教学

一、前言

经济发展是广告发展的原动力。眼下我国广告市场空前繁荣。2005 年底，中国的广告市场全面开放，广告专业人才严重缺乏，受过专业教育的广告从业人员不足 2%。国内近 300 所高校纷纷开设和扩大广告专业及其规模，广告教育全国上下形势一片大好，但用人单位反馈的信息中最集中的是广告专业的毕业生缺乏专业经验。

反思我们的广告教育的外部环境后可以发现，中国经济发展的快速提升造成的诸多不稳定性，是使广告市场的游戏规则不断随之变换的主要原因，直接导致高校里的教与学、学与用的矛盾突显，在蓬勃发展的美景背后，仍然存在很多迫切需要解决的问题，给教学单位提出了更为严峻的课题。艺术类院校中的广告学教育情况也很严峻。在此，笔者提出一些浅见，希望能得到广大同仁的指正。

1983年，厦门大学创办广告学专业至今，我国广告高等教育已步入了第23个春秋。不同的院校对广告教学的定位也不尽相同，基本分为艺术型、经贸型、传播型等几大模式。我们是艺术学院设计学院开办的广告学专业，对理论知识的要求比纯粹以广告设计来定位的专业的更深入，问题最先是从指导广告学专业的毕业论文中暴露的。大四的学生，他们即将走上工作岗位，他们对所学的理论知识的吸收后呈现出来的却是相互间无法关联的散点状模式，即相关理论之间无任何联结，更多有用的知识则根本没有消化，这并非教师愿景中的所学即所得。

我们都知道广告学是一门涉猎广泛的交叉性学科，其特殊性在于，它是一门集人文艺术、传播学、市场营销学、广告心理学、社会学、经济学等学科为一体的综合性学科。它的广泛性注定了广告学教学的课程结构除了一定的技术实务，更多的部分必须由系统的理论知识构建。与其他文理科院校相比，艺术类的院校广告学专业的学生综合素质条件以及所掌握理论知识的深度、宽度、广度与其他综合类院校特别是国家重点院校的学生相比是存在距离的。全国高考招生分数线的划分，使得对艺术类生源长期以来都具有一个共性，就是文化课不好的考生才会填报艺术类院校，只有少数考生是出于真正对艺术的追求而报考，这部分程度上反映了艺术类生源的普遍状况是文化基础水平偏低，因而给理论课比例占大部分的广告学专业教学带来了相当大的难度，表现为学生偏科现象严重，喜欢设计技能课程，害怕理论课考试，尤其害怕论文写作。广告学涉及的领域广泛，在短短四年的学校学习过程中，我们思考的便是如何基于本土教学条件，完善教学课程体系，让学生更系统地掌握广告学的理论知识。

具体情况应具体分析。笔者针对艺术类院校广告学专业学生素质情况，广泛征求业内人士的意见和建议，查阅大量资料，借鉴国内外的教学经验，认为制定一套针对艺术类学生的广告学教学体系是非常必要和紧迫的，经反复思考，形成了一些初步的思路。

二、拓宽知识面，增强应变能力

我们来设想一个学生进入社会后将遇到的问题吧：首先是如何推销自己，这里涉及如何正确认识自身条件，重新整合自身优势等问题；其次是进入公司后对各部门职能分工情况的了解，如何尽快熟悉环境，配合团队协作的问题；再次是具体的工种分配问题，如果被分到的是客户服务部门，就将遇到如何进行客户管理，如何上传下达，如何签定合同，如何进行广告预算等问题……这些都是很具体、很实际的问题，然而学校能形成理论和充足的经验来传授的却很少，课程教材中我们也很难找到与此相关的正规教材。我们不能指望学生到社会上现学，因为如果幸运，遇到宽厚爱才的上司，个别会得到培训机会，但实际情况是毕业生还在面试时就开始遭遇很多问题了。

如何解决？如何应变？这些都是要学生在学校期间学会解决的，但学校教学中往往会忽略这些很实际又很关键的步骤。学校传授的通常是宏观的理论，实际操作上我们能给予的有很大局限，结果是理论课无趣，使学生分心，认为完成考试后便万事大吉。学生学习的被动吸收造成了理论结构的松散，这样又如何能在今后的工作学习中对所学知识主动加以运用呢？这些都要靠课程的设置来引导。

学分制的建设，是一种弹性的教学管理制度，强调的是“厚基础、宽知识面、广适应”的人才观。根据这个观念，我们加强了选修课的学时，扩充了选修课的专业范围，增加了知识面的广度。基础阶段强调通识教育。导师指导下的选课制度强调学生跨专业选课。他们在毕业后不可能长期从事一种行业，这样的课程安排对他们择业的范围和对行业的适应性更广。

三、重新整合教学资源，调整课程结构

毕业论文最能体现学生对理论知识的综合掌握程度。论文指导中暴露的问题给课程设置敲响了警钟。短暂的四年学习如何使艺术类的学生将所学的广告学理论知识进行融会贯通？在缺乏良好的实践的教学条件下，本文做了如下思考：

（一）将案例引进课堂教学

将案例引进课堂教学是非常必要的，如同试题库一样，针对某门课程，设计案例库，每项案例都来源于实际的市场操作，可以是教师本人的社会项目，也可以是国内外市场的实际项目。教师将案例的背景资料下发给每个学生，由学生通过自读、理解、分析，分小组进行角色分配，成员之间讨论，小组与小组的讨论，以书面理论为支持依据，以自己的方式寻求更完善可行的解决办法，教师在其间起到引导的作用，不做最终定论，只求找到能科学解决问题的更好方法。

（二）关注企业和产品命运

与第一小点不同的是，关注企业和产品命运这项任务将大部分由学生利用业余时间完成。

大学一年级的学生开始学习综合基础知识，并开始接触广告理论的初级课程，例如“现代广告通论”“传播学概论”“市场营销学”等。大学二年级起在教师指导下，每位学生应着手有意识地关注不同企业的命运，选择一个较为感兴趣的搭配作为研究方向，如：国际著名企业和国内著名企业，国内大型企业和国内中小企业，相同品类不同品牌的企业，同一企业的不同阶段等的结构组合作对照。搜集相关企业信息，观察它们的广告动向，研究其成败、策略，运用所学知识进行检验和到图书馆寻求理论支撑。进行感想笔录和阶段总结。指派专业教师定期检查，开交流会，调动学生学习的主动性。

（三）加强理论写作能力

艺术类的学生习惯了形象思维，而逻辑推理能力普遍偏弱，加上文学修养的基础薄弱，阻碍了文字表达能力的开发，因此，适当增加文学赏析和理论写作的课程，对毕业论文和广告案头写作都将有所帮助。

四、争取社会协作，加强实践教学能力

我们经常思考的是：社会需要的专业人才是学校能直接给予的吗？学校是专业人才培养基地，但向社会输送的人才有多少就业后可以独当一面？用人单位招聘时都会打出一年以上工作经验，但这“经验”由谁给出？

广告教学不能是不食人间烟火的纸上谈兵，而是讲求实效型的教育。学生在学校满怀理论知识却找不到可以检验的地方，这是我们的教学应该思考的。学生要成为实用型人才需要一个循序渐进的过程，学校考虑的应是如何缩短这个成才周期。广告学是一门应用性很强的学科，离不开市场运作，市场运作需要以科学理论为指导，理论与实践脱节严重违背了广告知识结构的本质；缺乏与公司、企业的合作，教学得不到第一手案例资料，理论虚空、滞后，都成为广告教学中的瓶颈。

在广告教学单位完成理论教学任务的同时，还需要企业与公司有意识地去履行实践教学的要务，给学生提供在校期间的见习、实习机会，配合学校完成实践课程部分。理论如果得不到实践的检验，理论就只是理论。这就需要学校与公司、企业携手，共同建设教学实践基地。

我们鼓励在职教师更多地参与社会项目，将项目引进课堂，让学生集体就此进行策略性的再思考，这已收到一定的成效，极大地调动了学生学习的主动性。我们将每年在固定时间举办的华人地区大学生广告设计大赛引进课堂，建立一个本专业学生与华人地区学子平等竞争的平台，学生从中找到了自己的位置，自信心得到提升。然而这些都是有限的，学生最理想的状态应是置身于一个氛围中，利用所掌握的知识去多方位地感受广告市场的风云变幻，再重新回学校检验课堂所学。但目前的大环境还不是很理想。由于缺乏必要的政策支持，企业对于承担学生的培训缺乏一定的包容心，更多的是顾及培训成本的支出和人才的自主性过强等问题，将教育的责任完全推给学校。所幸，我们与学院共享了一个印刷实习基地，解决了设计中的一个重要环节——印刷的实践问题。但在广告学专业实践基地的建设上，还需要教师的努力和学校的大力支持。

广西地处中国的西南部，无论是一线专业人才还是整个广告人环境，都不能与东部

沿海经济发达地区相提并论，那么如何争取人才，成为广告学教育的又一个难题。广告学专业是实际操作性很强的学科，因此我们通过多种途径，聘请公司的总裁及国内外知名专家学者为客座教授及荣誉教授；派出教师参加广告教育教学研讨会及参与各相关院校的交流，暂时缓和了实践人才稀缺的问题；加强本地相关院校之间的沟通交流，共享教学资源，协商发展大计。

五、结语

要办成一件事，困难总会存在，关键是要认清自己，创造条件，克服困难。广告教学没有固定的答案，关键是要积极地思考开发教学资源，完善教学体系，提高教学质量，以开放的心态去顺应时代发展的需要。

参考文献：

[1] 经济发展是广告业发展的原动力 [N]. 雪马独家行业分析报告.

[2] 任晶惠. 专家破解大学生就业难题 [N]. 大连日报，2004-06-15.

[3] 中国广告业人才缺口巨大 [N]. 文汇报.

[4] 郭有献. 建设与国际接轨并有中国特色的广告课程体系. www.cnad.com.

城市形象创新中的习俗文化传播分析

袁筱蓉

摘要：习俗文化传播在城市形象创新中起到积极作用，只有意识到习俗文化的重要性并逐渐渗透，才能更好地促进城市文化发展。本文结合城市发展的实际情况，对习俗文化在城市形象创新中的作用进行分析，在此基础上提出城市形象创新中的习俗文化传播策略，从而更好地推动城市建设。

关键词：习俗文化　城市形象　创新　传播

我国城市现代化发展过于追求千篇一律，存在大量的模仿、复制现象，而缺乏个性化、特色化。新时期的城市发展，必须意识到习俗文化的重要性，将文化活动与城市发展密切相连，发挥文化因素独特的经济价值，提升城市发展的水平。

一、习俗文化在城市发展中的重要作用

习俗文化来自人们日常生产、生活的创造与积累，被认为是一种特定的心理意识与行动方式，难以被其他文化形态轻易取代，具有广泛流传的价值。通过习俗文化可以客观、全面地体现一个城市或地区的社会性格与文化特征，具有较强的感染力和渗透力。

因此，城市形象的创新离不开习俗文化的作用，更不能脱离城市发展的设备背景与文化环境，需要社会各个群体的共同努力。有关习俗文化在城市中的作用，具体分析如下：

（一）影响作用

一个城市精神与形象的树立，经历了纷繁复杂的斗争与积累过程，并且逐渐形成于人们的日常生产、生活、工作及交际过程中。在人们行为的细节之处，客观地体现了城市的形象，正是人们的综合素质直接作用于每个细微之处。树立全新城市形象，应发挥潜移默化的影响作用，营造良好的文明社会。

（二）规范作用

对于民俗文化来说，无论是发生、发展还是继承，都对约束道德规范起到重要作用，甚至超过了道德规范的一般能量作用，表现了深刻的社会文明。从精神层面来看，习俗文化的传播对规范人们的心理、行为起到关键作用，也是人们生活与工作中自律的重要手段。因此，习俗文化具有人文精神特征，加强对民族文化的继承，将树立良好城市形象，推动城市可持续发展。

（三）凝聚作用

习俗文化传播历史悠久，广泛地存在于人们生活的各个领域、环节中。而习俗文化的发生与发展离不开普通的民众生活，具有极强的社会性特征，表达了公民的个人意愿，发挥着凝聚情感的积极作用。因此，城市形象的树立，必须依赖于市民对习俗文化的传播，不断创造并丰富城市精神，以习俗作为调剂人们情感的重要工具。

二、城市形象中的习俗文化创新

随着我国社会经济的不断发展与完善，人们对城市的发展提出更高要求，除了基本的生产、生活、学习以外，人们开始关注文化、经济、旅游、娱乐等多元化因素，在城市软实力与硬实力结合发展的背景下，积极采取有效措施，全面收集、了解城市发展的传统文化资源与自然资源，争取在激烈的竞争中发挥城市优势。有关城市形象创新中的习俗文化传播，具体分析如下：

（一）培育积极向上的城市精神

我国的城市在发展中，积累了丰富的历史文化内涵与人文知识；在人们日常生活、工作中也渗透着优秀的习俗文化，它们都起到继往开来、催人奋进的作用，同时也树立了城市的良好品牌形象，让人们处于“温故”的传统文化氛围中，形成一个互敬互重、团结进取的精神。近年来，南宁提倡的“能帮就帮”精神，使城市中充满了浓厚的人文气息，在全市构造了全新的生活方式，增强了文化魅力。城市中成长的儿童或青少年，也可从中受到熏陶，自觉接受社会普遍提倡的习俗文化、内涵等，更好地发挥了社会价值，弘扬了民族文化。

（二）加快创新文化体制

在城市中构建具有影响力的文化，除了基本的文化资源以外，不断优化经济增长方式，转变消费格局，也可对社会各个主体之间的关系进行优化。在此过程中，注意发挥政府的积极引导作用，树立市场化、经济化发展观念；同时，构建市民参与决策的文化体系，实现文化产业的强强合作；对于涉及文化内容的建设或者开发的项目来说，必须召开专家论证会与公民听证会，积极借鉴来自非政府组织以及市民、专家学者的意见，不得在城市文化建设过程中破坏具有价值的习俗文化。例如，2007 年陕西省旅游局和中华行知网联合举办了全国网民评选活动——“我心目中的陕西美景”，陕西省的 88 个景区参加测评，分别由网民投票、短信选举及专家建议三大部分构成，综合评分。通过举办该活动，树立了城市的良好发展形象，激发了市民对习俗文化的保护欲望，形成了“人人有责、人人贡献”的局面，更有利于构建文明城市，支持和谐社会的发展。另外，还可以鼓励更多的市民加入文化活动中，例如，城市形象宣传语评比和“我心中的习俗文化传播”征文大赛等，由市民或者网民参与投票，最终树立城市形象品牌，弘扬习俗文化，在城市发展中形成人人传播习俗文化、人人保护城市形象的良好氛围，促进城市发展、人们生活水平的提升，促进物质文明与精神文明的和谐共生。

（三）全面发展城市旅游文化

随着人们越来越关注旅游的发展，城市也要借助旅游资源体现自身独特的魅力，通过创设宜居城市环境，推动城市与旅游资源的协调发展。对于城市发展来说，特色化是独特的个性与标志，在城市建设过程中，要注重新城区与老城区的协调发展，促进现代建筑与古建筑相得益彰，在城市中营造和谐的文化氛围。在传统文化与现代文化共生共存的大背景下，城市的发展必须将静态文化转变为动态文化，赋予古老文化活力，才能推动传统习俗文化的持续性发展。包括在城市中举办灯会、猜谜会、中秋赏月、书法展览、植物展览等，都可以树立城市文化的新品牌、新形象。另外，城市发展中还要注意挖掘历史文化的旅游观光资源，构建重要的开放性旅游基地，加强科研教育力度，提高技术水平，为城市旅游的建设提供保障。2009 年，为了强化非物质文化的保护，广西成立了“非物质文化遗产民俗研究中心”以及各高校设立的“民族文化研究中心”和“民族艺术系”等教学科研机构，以广西壮族非物质文化遗产为核心，通过各种形式展现民族文化，包括文化产品、旅游产品等，强化对外交流，积极举办非物质文化遗产的展览会、民间工艺产品展览会或民族节庆活动等，其中，民歌艺术节、宾阳炮龙节、巴马长寿之乡等活动，带动了广西各地对非物质文化遗产的继承与发展。

（四）加大宣传与合作力度

在当前全球一体化发展的背景下，全世界范围内实现了思想文化的交流与碰撞，在对外宣传方面也起到了推动作用。因此，全方位、多领域地开展对外合作和交流，加强与沿海发达城市的沟通，可在国际市场发展中争取更多的机会，塑造良好的城市发展形象，拓宽发展空间：一方面，弘扬具有历史文化特色的传统，渲染丰富的人文精神；另一方面，赋予城市多元化的时尚信息，推动城市的现代化建设。加强与国外城市的联系，实行异地开发的市场运作模式；主动采取走出去、引进来的发展模式，加强与友好城市的沟通，联合开发习俗文化；同时，双方城市举办互访、习俗文化活动，并组织公民积极参与，都可达到良好的宣传效果。

青岛市作为我国著名的海滨城市，无论是城市的发展还是习俗文化的形成，都与海洋密切相关。大海给人们带来愉悦的心境，并且提供了休闲旅游、餐饮美食的好场所。“青岛”城市的名字也与大海密切相关，青岛工业的“海尔”“海信”，都受到了大海的熏陶。对于青岛市民来说，观海景、吃海鲜是多年来不曾改变的习俗，这些都离不开海洋的支持与恩惠。由于海洋的宽广、富于激情、真诚、和谐等优质特征，因此，青岛被赋予了这座城市无限的凝聚力、生命力与创新力，而青岛城市精神的塑造与完善，也离不开海洋的陪衬作用。因此，可以说，青岛的城市精神和海洋习俗文化交融发展，体现了具有独特意味的城市脉络，也是城市发展中人文关怀的写照。2008 年，青岛举办了奥运帆船比赛，这是凭借了优越的海洋条件而获得的城市发展契机，将城市推广到整个国家甚至推向世界国际范围，弘扬了诚信、宽广、卓越、和谐的城市精神与风貌。

（五）推动习俗文化的外延发展

加快习俗文化的创新传播，是不断树立良好城市形象的必然趋势。对于习俗文化的发展来说，除了强化保留与继承以外，内容的外延同样重要，因而在习俗文化传播的形式、手段等方面大胆创新，确保精神产品更好地体现人民当家作主的地位与实际生活水平，是推动习俗文化走向市场经济的必经之路。首先，加强城市公共空间造成的创新发展；将城市形象的符号与周边基础设施相结合，既可美化城市空间，也可起到潜移默化的宣传作用，长此以往，激发人们的共鸣，发挥感染力和号召力；其次，开发小吃产品。俗话说“民以食为天”，只有在食品上做文章，将习俗文化符号赋予其中，使小吃产品具有独特的寓意，既可传播美味，更具有艺术性和观赏性，如武汉的“鸭脖子”、南京的“鸭血粉丝汤”、玉林的“玉林牛巴”、南宁的“老友粉”等，消费者不仅体会了当地的“吃文化”，更受到了美的熏陶。

三、城市形象中的习俗文化持续性建设

客观了解传统习俗文化的生存与发展规律，总结当前城市发展的特点，促进习俗文化与城市形象的有机融合，今后还要从以下几方面加强努力：

首先，发挥政府的引导作用，重视习俗文化的发展，将其纳入城市发展的总体规划中，落实发展习俗文化的指导思想、重点、目标等，明确产业政策发展的途径与保障措施。另外，深入挖掘有价值的习俗文化资源，培养习俗文化的发展市场，构建具有习俗文化特色的城市品牌。以大众文化设施推动习俗文化的持续性发展，通过城市内具有历史内涵的标志性建筑进行文化传播，在此基础上继续完善具有区域特色、文化内涵的基础设施，为城市添加新风景。

其次，充分彰显“古文化”，在城市内营造“古文化”的浓厚氛围。积极举办各种习俗文化的节日盛会，使习俗文化深入节日生活。从当前城市发展状况来看，习俗文化的影响力有所降低，但是我国是农业大国，“三农”问题始终在国家发展中占据重要地位，因此，不能忽略岁时节令的习俗文化，如春节、元宵节、中秋节、端午节等，仍然是市民非常重视的节庆。虽然国外的“情人节”“圣诞节”也逐渐红火起来，但是它们也不能取代传统时令节庆的作用。在城市发展中也要注重组织各种欢庆活动，引导文明、进步的城市生活方式，为城市发展添加活力。

再次，加强民间习俗文化与人们日常生活、工作的联系，南宁为了树立广西“首善之区”的形象，加快了城市建设步伐，如建成了广西博物馆、广西民族博物馆、孔庙、广西体育中心及广西科技馆等，完善了东南亚旅游美食街、顶狮山贝丘遗址博物馆等项目，进一步整合文化资源，加快文化产业发展，为构建开放性南宁、和谐性南宁奠定基础。

由上可见，在城市发展的新时期，必须意识到习俗文化传播的重要意义。积极借鉴成功经验，结合所处城市发展的实际情况，有针对性地寻找城市进步的契机点，推动习俗文化的传播，实现城市继承与发展的有机融合。

参考文献：

[1] 宋怡，阮平南. 基于城市经济角度的文化产业与城市竞争力 [J]. 统计与决策，2007(13).
[2] 高强，卢嘉，吴平. 城市文化系统的影响因素和建设 [J]. 城市，2012(7).
[3] 李怀亮，任锦鸾，刘志强. 城市传媒形象与营销策略 [M]. 北京：中国传媒大学出版社，2009.
[4] 景敏. 文化产业：资源型城市转型新思路 [J]. 全国商情（经济理论研究），2012(7).
[5] 佘智彬. 现代城市景观设计的传统文化再生 [J]. 福建建设科技，2012(4).
[6] 付雪莲. 民俗文化与城市文化生态的构建 [J]. 中华文化论坛，2011(6).
[7] 马春野，冯晋. 打造城市核心竞争力——构筑宽容文化，建立开放秩序 [J]. 哈尔滨工业大学学报（社会科学版），2005(4).
[8] 孟茜. 浅谈城市宣传片中的文化因素 [J]. 大众文艺，2011(21).

广告设计的符号特性研究

袁筱蓉

摘要：广告，顾名思义就是要广而告之。那么，这就需要我们把一些特殊的元素融入广告设计当中。本文将从符号学的角度来分析广告设计，从中挖掘出广告设计的符号特性，即理解性、针对性、创新性、文化性以及传播性等，并提出了我们应该基于这些符号特性把符号学更好地运用到广告设计当中，让广告设计更具艺术魅力，从而在让人体会到美感的同时，增强他们接受产品销售的信心，最终实现广告设计的根本促销目的。

关键词：广告设计　符号学　运用　符号特性

一、前言

根据德国著名哲学家卡西尔的观点，人是符号的动物，在人类生活中颇具代表性的特征就是具有符号化的思维与行为。整个人类社会是一个由各种符号所组成的人造世界，比如说，宗教、艺术、语言等。从这个意义上来说，人类实际上就生活在一个符号化的宇宙当中。这些符号充当了信息传递的载体与工具，具有具象与抽象的完美统一，在某种程度上是一种情感性的象征。那么，广告设计本身就是一种艺术类型，它必然具有符号的艺术特性。它的根本目的就是通过广告中的符号元素来刺激消费者，把一些寓意深远的广告信息传递给消费者，渗透消费者的内心，激发他们的艺术感应，最终实现广告促销的目标。

二、广告设计与符号学相关概述

（一）广告设计

“广告”这个词语实际上是一个外来词汇，它的拉丁文含义是“注意”，此后又被英语借用，引申为“让人们注意某事”等含义。“广告”这个词汇在我们汉语中是广而告之的意思，也就是向大众进行宣传或传递信息的意思。从这些释义当中，我们可以看到，广告就是广告主借用的一种产品信息传播渠道让消费者来产生消费的欲望，或者通过广告让消费者对广告主产生某种信赖感的有偿传播活动。因此，广告的诞生与发展，实际上就是市场经济规律下的商品发展伴随物，它会随着社会与科技的进步而发展。

（二）符号学

符号学最早是由瑞士语言学家索绪尔等人提出来的，它是有关符合性质与规律的学科，对于哲学认识论等有着不容忽视的巨大影响力。迄今为止，符号学的理论与方法已经被广泛应用到了艺术设计、建筑设计等多个领域当中去了。而我国对于符号学的认知实际上最早可以追溯到春秋战国时期，人们在当时就对一些符号现象有了一定的关注。因此，符号学之于广告设计来说，就是一种全新的元素，可以通过广告设计的加工与整合来对一些信息进行加载和传递，让广告发挥出传情达意的根本设计目的，最终让广告促进销售。

三、广告设计的符号特性

广告设计中的符号主要就是图像、文字等各种视觉传达元素以及各种各样的创作手法等。正是由于符号的加入，广告设计才具有了与其他设计门类相区别的特点。在此，我们认为，广告设计具有理解性、针对性、创新性、文化性以及传播性等多个方面的符号特性：

（一）理解性

对于广告设计来说，其最应该重视的第一个特性就是广告的理解性。这就是说，广告设计中的符号学应用，必须以大众的视觉被吸引作为根本宗旨，最终激发出大众的消费欲望来完成他们的购买行为。这种理解性是建立在消费者认知基础上的，它要求广告设计者能够根据具体的广告促销要求来框定一个促销范围，并把画面与文字有效结合在一起，让大众能够获得最佳的信息传递效果。也就是说，要让大众能够充分理解广告中的符号元素传递的含义，否则，广告的作用就无法充分发挥出来。因此，广告设计中符号的理解性是首要属性。

（二）针对性

在广告设计的过程中，设计者必须搞清楚其广告设计针对的具体对象，否则，超越了一定的界限而进行广告设计的话，很可能使得其中的符号元素无法让大众接受和理解，也就使得广告设计失去了应有的作用与意义。这也就是说，广告设计中的符号必须具备一定的限定性，它应该让特定范围内的人接受符号传达出来的信息。这里的信息接受者可以有年龄层次的区别，也可以有文化阶层的区别。广告设计者应该进行有针对性的符号设计，才能够引发大众的情感共鸣，达到广告促销的根本目的。

（三）创新性

虽然说很多时候广告设计中的符号元素应用都强调同样性，这样才更有利于大众的了解，但是，广告设计毕竟是一门艺术设计，它往往也需要进行符号的加工与整合，体现出一定的新意，即需要在求同的同时追求一定的相异性特征。这样的广告设计才能够具有一定的个性化特征，让大众获得更为强烈的广告刺激。因此，广告设计中的符号应用应该针对同一个设计主题采取多元化的设计方式，找到多个设计点来进行广告的创新，并因此在众多的广告产品中脱颖而出，成功抓住大众的兴趣，更好地发挥出广告的宣传特性。

（四）文化性

广告设计中的符号元素要被大众所认知和理解，必须建立在大众的共同文化意识基础上。这也就是说，广告设计中的符号特性必须与大众的文化背景相一致，否则，就无法达到广告传播的目的。因此，广告设计者在色彩与图像等符号的应用过程中需要充分考虑到大众的文化背景，因为人们的理解中会不可避免地包括了不少文化方面的因素，人们的文化观念与文化形式都对广告设计的理解起到了较大的决定性作用。由此看来，广告设计中的符号必定具有一定的文化属性，从而能够产生符合人们文化认知能力的广告效果，增强人们的审美体验，提高广告的文化内涵。

（五）传播性

广告本身就是一种与社会文化紧密相关的经济现象，它是市场经济体制下的产物，具有一定的信息符号化特征。它需要通过广告设计中的一些符号元素来产生震撼人心的效果，从而给大众留下较深的印象。这就是说，广告设计中的符号必须具有一定的传播性特征，要能够让大众理解其中的符号含义，从而使得广告中的符号不再是简单的装饰符号，而是商品与消费者之间进行沟通的重要渠道与平台，符号必须能够及时抓住大众的眼球，把广告中的信息传播出去，从而让人们更好地理解广告主题，达到广而告之的促销目的。

四、广告设计中符号学的具体应用

符号本身就是信息传递的工具与载体，它是通过物理性的形、色、材质等空间符号来具体表现设计的对象的。在广告设计当中，符号学的具体应用则与心理学及市场营销学等多个学科相关，它需要广告设计者能够让其在广告中发挥出激发大众情感需求的作用。但是，我们应该从理性与科学的角度来探讨广告设计中的符号学应用，从而让广告设计中的符号真正发挥出自身应有的信息传播功能。

（一）根据人们的文化需求来应用符号学理论

广告设计过程中，设计者应该首先根据广告设计的内涵及其符号的文化特性来突破那种过于商业化的设计理念，认真分析与研究大众的审美心理需求，立足于大众的文化品位与审美情趣来进行广告设计，尤其是要重视传统文化的渗透式应用，切不可盲目地应用所谓的现代化文化理念，把传统文化中的精华撇开不顾。比如说，广告设计者可以把中国国画中的一些传统图形和色彩等应用到广告设计中，从而让广告作品显得更具文化内涵，也容易给大众留下更深且更好的印象。这种广告设计中的符号应用是与传统文化结合的典范，可以让广告设计更加新颖和易于辨识，提升广告设计的欣赏价值与层次，让广告作品更具艺术魅力与文化内蕴，是文化性、审美性与创新性结合的典范。

（二）把现代科技应用到广告设计中，使得符号应用与新媒介有机结合

当代各种现代化的科学技术成果频出，很多电子装置都不断突破原来的发展基础，这就使得广告设计具有了很多设计的可能性，也可以让设计效果变得更加逼真和形象。这种时代背景不仅使得广告设计者有了更多的选择性，同时也给他们的广告设计工作提出了更高的要求与标准。因为人们对于广告设计中符号的视觉要求变得越来越高，广告设计者必须设计出更为精致优美的广告符号，才能够真正满足大众的消费审美心理。因此，广告设计者应该充分抓住时代发展的脉搏，利用现代化的科学技术来让符号特性更好地融入广告设计中，比如说，设计者可以将广告与新媒介结合在一起，使广告理念与商品信息贴合得更为完美，从而让大众获得极佳的广告审美体验。

（三）广告设计者应该从广告的传播特性出发应用好符号学

广告设计的根本任务是把特定的广告主题传播给大众。因此，广告设计者应该基于此来进行符号学的广告设计应用。具体来说，广告设计者应该根据广告主题来把一些具

有特定视觉效果的符号融入广告作品中，让大众能够准确地接受这些广告形象，理解广告思想与理念，从而抓住大众的心理诉求，增强大众对于广告内容的可信度与认可度，更好地推动广告产品的宣传与销售。这实际上就是要求广告设计者能够充分利用好广告设计中符号的信息传播功能，让符号的设计能够满足人们的心理需求与情感诉求，激发出他们的购买欲望，最终使他们完成购买行为。因此，我们说，任何一个广告设计中的符号设计应用都应该在特定的传播模式中运行，这样才能够让大众理解广告中的符号特指含义，并将顾客与非顾客区分开来，发挥出把潜在的非顾客转变为顾客的广告功能。

（四）广告设计者应该从创新型模式出发来应用好符号学

广告设计本身就是一项需要不断进行创新与发展的设计门类，它如果不能够实现一定的自我突破，就会陷入困局当中，严重阻碍广告产品的市场影响力与销售业绩的提升。因此，广告设计者就应该从广告的创造模式出发，使符号学的应用能够体现出广告设计的一定的创新性特点，即创造模式的运用。如果说广告设计中的符号传播模式是在构建一个良好的信息发送者与接受者之间的关系，那么，在广告设计中的符号创造模式，就是在建立一个广告的符号储备与广告本身之间的良性互动关系，即它需要广告设计者将一些图形或文字等的符号用作符号储备，与每一个自身对应的广告对象间形成一种良好的互动关系，让这些符号能够在广告设计中发挥出吸引人们注意力的目的，更好地发挥出符号学的效用。在广告设计中，设计者可以根据不同的符号用途对其进行具体的划分，一般来说，可以分为作为信息的符号、作为评价的符号、引发回答的符号以及作为系统化与组织化的符号等，这些不同种类的符号可以为人们做出指示等方面的功能，从而可以让大众根据这些符号发出来的信息含义来决定是否进行购买。如果设计者能够成功运用好符号学，将可以成功激发出消费者的购买欲望与行为。

五、结论

广告设计者本身就是一个特殊的群体，他们身上流淌着艺术的气息，同时也应该具备一定的时代感与主观性。他们必须处理好广告设计中的主观行为与客观原理之间的关系，要能够通过真实的客观存在把自己内心的真实情感更为传神地表达出来。这就需要广告设计者能够运用好符号学，使广告设计能够把生活理想与艺术理想有机结合在一起，让符号在广告设计中体现出自身的理解性、针对性、创新性、文化性以及传播性等多个方面的特性，从而让我国传统文化更好地融入其中。同时，也应充分利用好现代媒介来做广告，让广告发挥出应有的传播功能与创造功能，充分体现出广告设计自身的价值。

参考文献：

[1] 范维权．浅谈平面广告设计的发展 [J]．新闻世界，2010(10).

[2] 何帅森．中国文化符号在艺术设计中的视觉语言表现 [J]．南昌高专学报，2010(3).

[3] 李曜良．符号类型在平面广告中的应用 [J]．西安文理学院学报（社会科学版），2012(5).

[4] 马克斯·本泽，伊丽莎白·瓦尔特．广义符号学及其在设计中的应用 [M]．徐恒醇，编译．北京：中国社会科学出版社，1992.

[5] 熊兴福，杨慧珠．基于符号学的产品设计新探 [J]．包装工程，2004(1).

基于广告创意类课程的行为导向教学法应用研究

陈　昕　袁筱蓉

摘要：尽管行为导向教学法进入中国已有近十年的历史，并且在国内各大高等教育院校教学中也得到了一些可行性的研究，但是各大高等院校的广告创意类课程还未将行为导向教学法应用在教学实践中。基于以学生为主导的创意教学重要性日益受到重视，在广告创意类课程中引入行为导向教学法变得十分必要。本文就行为导向教学法在广告创意类课程的教学中的应用进行研究，为教学改革提供一些个人见解。

关键词：广告创意类课程　行为导向教学法　思维方式　课程教学模式

进入21世纪后，我国在“十二五”规划中不断突显以提升自主创新能力为核心的科技进步，不仅加快了职业的细分，同时也提高了职业的综合性，使得教育趋向以培养综合性人才为目标，以就业为导向，且注重实践型、技术型人才的塑造已成为一种主流思想。在各大院校课程教学中，重视以学生为中心、摒弃不适应现代教学结构的方法，引入新型教学模式，同时，结合各大院校自身的办学特色，培养出更多适应社会需求的人才是当下最迫切需要解决的问题。笔者认为，由德国职业教育专家特拉姆提出的“行为导向教学法”对各大院校的以就业为导向的教学具有一定的促进意义。

一、行为导向教学法概述

行为导向教学法是20世纪出现的一种新的教学理念，它提倡实践教学导向、行动教学导向，一改以往以教师为主体的教学模式，倡导以学生为主体的新型教学模式，关注培养学生的学习能力、综合职业能力和全面素质的提高。在实际教学中，行为导向教学法与以往的教学模式有明显的区别，具有自身的特点和优势。

首先，注重以学生为主体的课堂教学模式，倡导学生在课堂教学中的主人翁地位。因此，在课程教学中，所有需要面临的实际问题都由学生共同参与、讨论并相互合作，而为了解决实际问题，学生们讨论、协商后，想出良好的解决对策。在这一过程中，学生不仅扮演了不同的角色，而且也调动起了自身学习的积极性。

其次，教学的过程是学生获取直接经验的过程。在以往的教学模式中，教师传授间接经验，但并不以直接经验为主，学生很难深刻理解间接经验的好处，而直接经验能让学生对此有深刻记忆。从最初的信息收集、计划制定、小组分工、目标选定、方案执行、效果反馈和最终成果总结评价，学生参与这一全过程，了解并熟悉其中每个环节出现的问题和解决对策，不仅学到了知识，也掌握了学习方法。解决问题的过程不仅是学习的过程，同时也是学生们积累经验的过程。

再次，学生作为主体，参与热情高，学习积极性强。调动起学生的学习积极性后，不仅能将最主要的学习任务传授给他们，同时也能让他们在强烈的好奇心和兴趣驱使下主动地去学习，并且针对学习中遇到的问题提出相应的解决方法，体会学习带来的乐趣。

最后，教师以指导者的身份参与课程教学。这是区别于以往教学模式中比较突出的一点。以往的教学模式中，教师一直扮演着知识的传授者这一在教学过程中最主要的角色。然而，在行为导向教学法中，教师作为指导者的身份并不影响教师原本的作用，反而对教师提出了更高的教学要求。教师作为指导者，不仅要把握课堂整体的学习氛围和整体的学习进度，同时，也需要兼顾引导学生掌握学习方法，以及在学习过程中及时给予学生一定的帮助和鼓励。

二、行为导向教学法在广告创意类课程中的应用

广告创意类课程在各大院校的广告学课程里占据十分重要的地位。创意是广告的灵魂，缺少了创意的广告就如行尸走肉，达不到预期的宣传效果。而且，面对广告业竞争日益激烈的现代社会环境，高校的创意教育课程能否培养或提升学生创意能力和综合素养，已成为课程改革中的重点问题。传统的教学模式以教科书授课为主，列举相关案例作为辅助教学，这种以间接经验传授为主的授课方式，导致学生面对创意创作时一片茫然。

现在高校的广告创意类课程主要包括“广告创意与策划”“图形创意”“创造性思维”“媒介创意”等。那么，如何使学生真正掌握创意能力并在一定程度上提高自身的综合素养呢？笔者认为，以学生为主体，结合提倡实践教学导向、行动教学导向的行为导向教学法应用在广告创意类课程教学中能取得一定的成效。笔者就行为导向教学法在“创造性思维”“广告创意”等课程教学的实际应用，得出以下几点运用行为导向教学法的成效。

第一，行为导向教学法促进学生创意能力的形成和发展。对于广告创意类课程的教学，尤其注重学生的创造性思维训练，在课堂上如果无法调动起学生主动参与课堂活动的积极性，那么，创造性思维的训练将达不到预期目标。以创造性思维课程教学为例，结合行为导向教学法，在课程教学中为了调动学生参与课堂互动的热情，让学生在创造性思维课程中得到真正的训练，笔者通过设置的互动智力游戏，引起学生兴趣，同时，开发学生的思维能力。例如开启创造性思维的一道智力游戏题：如何将一座由 10 根火柴棒组成的房子，按照只移动其中的 2 根的要求，让房子变成相反的方向？如图 1 所示。可以发现，结合行为导向教学法设置的这一智力互动游戏让学生们课堂参与度得到了提升，同时，可以从中发现不同学生的个性特质。有的学生擅长独立思考解决问题，有的学生喜欢合作解决问题，并且他们能

图 1

从中想出更多的不同解决方案。这一试探性的行为导向教学法应用不仅培养了学生创意的思维能力，也让学生体会到思考的乐趣，同时，让教师更加了解不同学生的个性特质。教师作为指导者，还可以从已知答案的角度给予学生帮助和提示，同时，启发他们寻求更多不同的解决方案。

第二，行为导向教学法有利于学生综合素养的形成。学生综合素养的训练与课堂教学存在一定的关联，例如，在创造性思维课程中，结合行为导向教学法，要求学生对同一个命题进行分小组的头脑风暴训练，以 5 至 8 人为一小组，对一个命题用 30 个词来描述，且需选取最具代表性的词。作为教学引导者的教师，在“头脑风暴”进行前要求小组选出会议主席、会议记录员、会议主持人等，分别负责小组讨论过程的把控、记录和总结。教师负责主持全班“头脑风暴”的进行，同时，间或与每组会议主席交流，了解进度，把握课程的动向。

在结合行为导向教学法的头脑风暴中，可以发现，学生们积极地自发形成小组，并讨论选举出会议主席、记录员、主持人等角色。由于在小组中担当不同的角色分工，学生在各抒己见的同时能倾听其他同学发表的看法，并作记录。为保证“头脑风暴”的顺利进行，作为会议主席的学生能展现出主动担当、协调小组分工的作用，最终通过小组讨论，整理得出精简的最具代表性的 39 个词汇，顺利完成课堂任务。从中可以看到，学生的学习能力、交流能力、协调能力等在这样的自发讨论中得到一定程度的培养和训练，有别于以往沉默聆听的学习方式，如此，将行为导向教学法和课堂“头脑风暴”训练结合，让学生的综合素养得到了提升，也让教师从中发现了学生不同的潜力特质所在。

第三，行为导向教学法能让师生在课堂上进行互动式的积极交流模式。例如，为了让学生深刻理解“每个人的思维方式不同”这一概念，笔者结合行为导向教学法，在课堂上设置了以课堂手绘的形式进行互动的环节。学生们都知道每个人的思维方式不同，但如何让这个概念更鲜明地被理解是一个难题。笔者从动静结合、变与不变的角度，先限定画面只提供一个帽子和墨镜，并告知学生往帽子和墨镜中画上相应的笔画，使得两个物体的存在更加合理。这一指令下达后，学生们会自荐或举荐班级同学到黑板前进行创作。学生们积极参与了画画的过程，并在黑板上画上了各种不同的人脸来让帽子和墨镜的存在更加合理。从中发现，不同性格的学生画出的人的造型不同。平时爱时尚打扮的学生画出了带有面罩装酷的正面人像；同样也是正面人像，思维比较活跃的学生画出了夸张处理后的五官比例，使帽子和墨镜的存在方式发生了趣味性的变化；而学习认真、性格安静的学生却画出了一张将墨镜反扣在后脑勺的背面人像，有别于之前两位正面人像的处理方式。这些正印证了“每个人的思维方式不同”这一概念，同时也让班级同学的思维活跃度上升。这时，教师以指导者的身份，提示学生们，这墨镜和帽子虽然是已经限定好的大小和形状，但其他物品的品种、大小、外形都是可以自由发挥的。经这一提示后，笔者能明显发现学生们由一开始画匹配的人脸，进而演变出了多种多样的丰富的变化，如无法识别正常五官比例的抽象造型、戴帽子和墨镜的寿司、将帽子和墨镜妥善摆放支撑的衣架等，形态各异，如图 2。

在课堂上，学生由被动听课，经这一互动游戏，成功转变为学生主动积极地参与课堂讨论互动。教师在互动游戏结束后进行了知识点的小结。结合行为导向教学法设置的

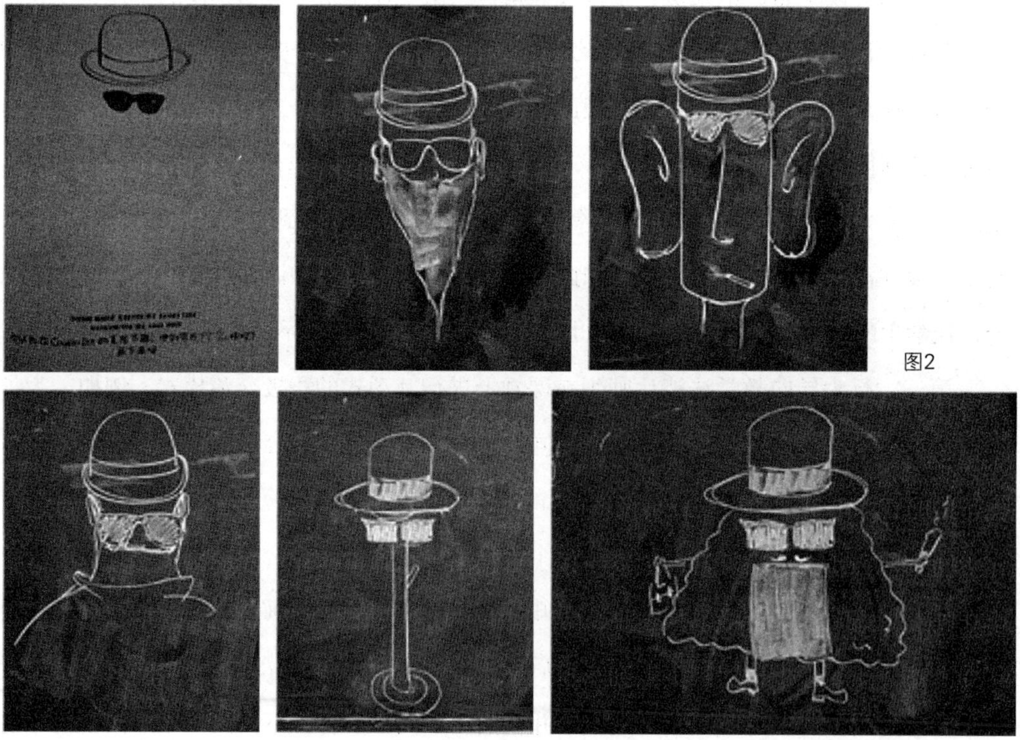

图2

互动游戏，让学生不仅深刻了解到“每个人思维方式的不同”这一概念，同时，每个学生在画下匹配的脸这一想法前，都会特意创作出有别于其他人的“脸”，从而启发了学生从不同方面创作出形态各异的图形。这一过程中，教师也能从活跃的课堂气氛，以及与学生们的互动中得到知识点是否传授成功的反馈信息。

三、总结

广告创意类课程是理性与感性的结合，是现代多学科交叉融合下的新型学科，广告学在国内成立的时间仅三十年有余，作为一个较年轻的学科体系，广告学教学中更应该注重让学生真正了解、学习和掌握这一门学科知识，同时注重培养学生自身的综合素养。

基于近几年在广告创意类教学实践中结合行为导向教学法进行教学可以发现，这一教学模式将被动的、保守的课程教学、课程任务的传达，转变成一种主动的、流畅的、完整的、互动交流的学习模式完成课程要求。综前文所述，笔者结合笔教学实践，认为广告创意类课程中融入行为导向教学法十分必要，这一教学法不仅提高了学生学习的积极性，锻炼了学生多方面的综合能力，同时也提升了教师教学热情和整体的教学质量，为广告创意类课程的教学提供了一定的借鉴。

参考文献：

[1] 卜穗奇. 浅析行为导向教学的方法、特点和优点 [J]. 考试周刊，2009(32).

[2] 马建森，陈洁. 创造性思维方法在广告创意中的实际应用（一）[J]. 桂林航天工业高等专科学校学报，2011(3).

[3] 赵爱威，温宝阳，宋慧斌，李阳. 行动导向教学法实施探究 [J]. 教学与管理，2009(8).

[4] 陈旭平，熊德敏，胡联红. 行为导向教学模式在高职教育中应用可行性分析 [J]. 今日科技，2007(9).

[5] 仲文祥 . 由德国“行为导向教学”引起的思考 [J]. 黄冈职业技术学院学报，2006(4).

(本文属于2010年广西艺术学院教学改革工程项目“行为导向教学法在广告类课程的应用研究”成果)

试论高校创业教育与专业教育的融合及发展

陈晓宇

摘要：为了提高学生的综合素质，增强学生适应社会的能力，各高校应采取有效措施加强创业教育与专业教育的融合及发展，努力创建专业的课程体系，优化师资队伍建设，创新实践教育平台。教师本身应不断增强创业教育的意识，提升自身的创业技能，从而为学生提供更加专业的指导，帮助他们树立正确的创业观念。本文首先介绍了加强高校创业教育与专业教育融合的必要性，然后对目前在创业教育与专业教育融合过程中存在的问题及相应的解决措施进行了简单的讲解。

关键词：高校　创业教育　专业教育　融合　广告

一、绪论

随着世界经济一体化的不断发展，人才在国家综合实力方面的作用日益突出，为了加快转变，我国提出了人才强国战略，这一战略的实施极大地加快了高等教育大众化的发展历程。这一战略背景对高校专业教育提出了更高的要求。为了使学生更好地适应社会的需求，高校不仅要教授学生基本的专业知识，还要注意将学习与工作要求相结合，尤其对于广告学的教学来说，更要紧随时代的变化，加快创业教育与专业教育的融合与创新发展。

二、加强高校创业教育与专业教育相融合的必要性

近些年来，大学生的就业问题已经成为了社会关注的热点问题，许多大学生面临着刚毕业就失业的现状。为了有效解决大学生就业困难的民生问题，政府制定了一系列扶持政策，旨在鼓励大学生自主创业。为了响应国家号召，提高学生的就业率，各高校纷纷开设了创业教育相关课程，指导学生科学地创业并帮助他们解决就业过程中遇到的困难。如果高校想将大学生自主创业落到实处，切实发挥创业教育的真正功效，而不是把创业教育变成“走过场”，就必须将其与专业教育相结合，实现创业教育与专业教育共同发展。

（一）高校深入推进创业教育的内在需求

创业教育作为高校深化教育改革与提高大学生就业质量的重要措施之一，对于培养学生的创造力与实践能力起到了十分关键的作用。不同专业的学生所掌握的基本技能有所差异，在进行创业教育时要求教师采取不同的教学策略，从而更好地发挥各专业学生的优势。为了能充分发挥不同专业学生的特长及优势，创业教育与专业教育课程相结合互相补充势在必行。[①] 对于广告学的学生而言，专业本身就要求学生具有较为发散的思维，在进行广告构思时讲究新颖、脱俗，所以面向广告学专业学生的创业教育更要结合这一专业学生的特点进行，了解这一专业学生的思维模式，将广告学的基本内涵融入创业教育课堂，才能使学生在掌握广告学基本知识的同时，更深入地思考如何将专业知识与特长运用于自主创业。

① 吴松、李晗杰等：《对于我国高校创业教育与专业教育融合的分析》，第86—121页，《吉林农业科技学院学报》，2016年第2期。

（二）高校深化发展专业教育的必然选择

目前，大部分高校对专业课知识的讲解理论性都较强，与实际的结合较少，这种教学方法十分不利于学生对专业知识的掌握。对于广告学的学生来说，他们未来的工作技能主要来源于实际工作过程中的磨炼与经验总结，而少部分来自于书本中的理论知识，只有在实践中不断积累经验教训，才能使学生真正地了解广告学的真谛，也才能更好地提高学生的专业水平。① 高校如果希望能够打破传统教学模式单一的局面，必须将创业教育与专业教育融合，使得创业和专业教育共同发展，起到不断开拓学生的创新思维，培养学生的创新意识，有效提高学生的专业素质，丰富完善教学内容的作用，从而更好地深化高校教学改革，加强学生的创新与实践能力，更好地适应社会发展的需求。

（三）培养创新型人才的客观要求

知识型时代的到来突出了人才的作用，而要想培养社会需要的人才，就必须不断培养学生的创新意识，提高他们的创新能力。② 创新是时代发展的灵魂，在 21 世纪，只有兼备创新、创意和创造的学生才能更好地适应社会的需求。随着我国教育改革的不断深化，大学生的数量越来越多，但是大学生的质量并没有明显提升，而且企业在招聘的时候往往将学历和能力作为考核的主要标准，这就无形中抬高了大学生就业的门槛，导致毕业等于失业的现象逐渐加剧，不仅对社会稳定性造成一定的威胁，还会打击学生的自信心。③ 解决这一问题，必须提高学生的质量，培养创新型人才，加大对学生创业能力的培养力度，结合专业知识技能，将学生培养成多层次、多样化、多功能的人才。

① 薛雷：《高校创业教育发展研究——基于创业教育与专业教育融合的视角》，第80—82页，《教育管理》，2014年第12期。

② 黄兆信、王志强：《论高校创业教育与专业教育的融合》，第59—67页，《教育研究》，2013年第12期。

③ 李涛：《论高校创业教育与专业教育的融合》，第37—38页，《创业经济》，2010年第3期。

三、目前高校创业教育与专业教育融合及发展中存在的问题

（一）缺乏对创业教育与专业教育融合的认识

相较于国外先进的创业教育理念，我国高校对于创业教育的认识还不足，目前创业教育还未被纳入高校专业教育中，而且相应的教学体系也十分不健全。① 各专业的学生由于所接受的专业知识不同，所形成的专业技能也有所区别，这就要求创业指导教师在授课时有针对性地进行创业技能的培训。但是，目前在大部分高校内从事创业教育的教师的专业技能都不能满足实际的要求，他们中大部分都是非专业出身，在实际教学过程中不能按照不同专业学生的特点进行创业知识的讲解，而且与专业知识的结合度较低。② 另外，在创业知识的讲解时过分重视理论知识的教授，而忽略了实践对于学生创业能力的作用，导致教学内容与实际需求严重脱节，难以达到教学的目的。

（二）教材建设滞后

影响创业教育水平的因素有很多，其中教材建设滞后是导致创业教育发展缓慢的最主要的因素之一，主要表现在以下几个方面：首先，高校内针对创业教育的材料并没有形成系统，整体性较差，缺乏创新性，重复现象严重；③ 其次，由于国内缺乏具有相关经验的教师，所以在创业教育书籍的编纂中理论深度不够，而且与时事政治结合得较少，可操作性不强；最后，老师在上课的时候过分重视理论知识的讲解，与实际的需求脱节，导致学生在上课时积极性不高，学习效率较低，不能实现创业指导的目的。另外，在目前创业教育课堂上，教师教授的内容较为宽泛，与各专业之间的融合度较低，导致学生很难抓住时代发展的要求，尤其对于广告学来说，需要学生能够紧跟时代发展的潮流，

① 包水梅、杨冬等：《我国高校创新创业教育与专业教育融合的障碍分析》，第74—78页，《教育与考试》，2016年第1期。

② 吴名蒙、杨建武等：《移动互联网视域中高校创业教育与专业教育融合发展的路径研究》，第7—11页，《高教学刊》，2016年第3期。

③ 杨欣：《创新创业教育与广告学专业教育深度融合的重要性与方法》，第191—192页，《视听教育连线》，2016年第6期。

同时要有较强的创新能力，而要实现这些，就要求教师能够将创业与专业知识进行有效结合，从而为学生提供专业的指导。

（三）缺乏“双师型”教师

为高校配备具有相关专业技能的教师，是加强创业教育与专业教育融合与发展的必要条件。教师作为传课授业解惑的主要实施者，其专业技能水平的高低对教学质量的优劣起到关键性作用。对于创业教育而言，教师需要根据不同专业学生的特点开展针对性的指导，但是目前大部分从事创业教育的教师所具备的技能并不能满足实际的要求，一方面，专门从事创业教育的教师较少，一般都是从其他专业或部门调过来的非专业创业教育的教师。这些教师往往对创业教育的研究不够深入，在实际教学中对学生的创业指导不够到位；另一方面，将创业教育与专业教育相结合，不仅要求教师具备专业的创业知识教育背景，还需要其熟练掌握所教授学生的专业知识，并寻求将两者有效结合的方式，但是目前大部分教师都很难达到这一要求。此外，创业教育是实践性很强的教学课程，与时事政治、经济文化等联系较为密切，对教师的实际创业经验具有较高要求，而目前从事创业教育的大部分教师并不具有实际的创业经验，这将导致创业教学内容与实际创业要求不相匹配，学生所学的创业知识在实战中实用性不高，影响创业教育与专业教育的进一步融合。

（四）缺乏实践教育平台

对于高校创业教育而言，要想强化教学效果，在很大程度上需发挥实践的作用，广告学更是如此，要求学生能够深入广告公司亲身参与项目，从而在实际工作中不断总结经验，增强对广告学专业知识的理解。但是，目前高校并没有建立完善的实践教育平台，创业基地较少，不能满足实践的需求，导致这种现象的原因主要有以下几个方面：第一，高校对创业教育的重视程度较低，用于创业教育的经费较少，导致在实践基地建设的过程中往往缺乏相应的资金支持；第二，高校教学的环境较为封闭，与社会型企业的联系较少，无法与企业建立良好的合作关系，即使建立了创业实践基地，也与专业知识的结合度较低，很难满足所有专业学生的需求；第三，政府及地方企业对创业实践基地的建设不足，相关资金投入较少，无法为不同专业学生的创业实践提供充足的支持。

四、增强高校创业教育与专业教育融合及发展的措施

（一）创建具有兼容性的课程体系

理论知识是实践的基石，只有形成完善的知识体系才能在实践中得心应手，不断增强专业技能，而要想实现对理论知识的掌握，就必须建立完善的课程体系，体系是知识的根本来源。想要更好地增强创业教育与专业教育的融合及发展，首要任务是创建兼容“创业”和“专业”的课程体系，将创业教育的理念与知识融入专业教育课程的学习中，这样学生才能更深刻地了解并掌握专业知识，体会相关专业知识在创业中的应用，从而使学生在自主创业的时候能够结合自己所学专业特点，充分发挥自身特长，促进创业的成功。专业课教师在进行基础知识培训的时候，适当地融合创业的基本理论，从学生的特质出发，结合行业内的现状，给予学生最科学的指导。另外，创建兼容性的课程要实施阶梯式的教学方法，将理论与实践的内容分步融合，不断加深学生对专业技能的掌握。

（二）建设“基础”融合“特色”的教材

目前，各高校所使用的教材一般对专业知识的讲解较多，很少能够将创业方面的内容融入教材中，而教材作为学生学习的主要媒介，需要加强对专业与创业知识的融合。首先，高校应根据不同专业的实际情况和特点对教材进行针对性的改编，组织具备相关专业技能的教师对理论知识进行编写，并配备练习训练课题，设置模拟案例等，将专业知识与创业内容进行有效结合，从而不断提升学生的创新与实践水平；其次，政府及高校应增强对创业教育的重视度，加大对创业教育的资金投入，教育部门应鼓励高校进行创业课程的开设，并将创业教育融入专业教育课程中，编写专业的教材；最后，各高校应根据自身专业的特点编写特色的教学讲义，同时还可以将本专业创业成功的案例进行汇总编纂，以供学生学习。

（三）不断提升教师的专业水平

教师作为学生获取知识的主要来源，对于学生的发展具有较为深远的影响，所以要想加强创业教育与专业教育的融合，就必须为课程的教授配备专业的教师，教师结构的合理与否将会直接决定教学的效果。创业教育与专业教育融合后的课程教学要求教师不仅要掌握专业的知识，还要对创业技能进行系统的把握，同时还要能将两者进行有效结合。首先，高校应不断优化师资队伍，创建“双师型”的教学团队，在招聘教师时，不仅要考察他们对专业知识的掌握，还要对他们的创业思维和创业技能进行考核，选择两者兼备的教师；其次，要加强对教师的日常培训，鼓励教师进行创业知识的学习，对于教师自身来说，应充分认识创业教育对专业教育的促进作用，增强对创业知识的学习，自觉进行创业技能的培训，关注行业发展现状，不断提升综合素质；另外，高校应加强与企业之间的合作与交流，定期派遣教师到企业进修，了解企业经营状况及基本的管理内容，熟练把握广告学要求的基本技能，教师自身也应加强日常的学习，增强创新精神，改革教学理念和教学方法，不断提升自身的创业技能；最后，学校应主动聘请各行业优秀的创业团队到校内开展讲座，从而使学生更好地了解行业发展的现状，从而有针对性地改进，而且外聘团队还能帮助学生更好地定位人生目标，缓解教师的教学压力。

五、结论

高校创业教育与专业教育的融合不仅能够增强学生对专业知识的理解，还能有效解决大学生就业困难的问题，为和谐社会的构建打下坚实的基础。但是由于我国高校对于创业教育的认识不足，目前并未形成较为完善的教学体系，所以需要高校不断提升创业教育与专业教育融合的意识，加强基础设施建设，努力创建完善的教育平台，从而不断提升学生的创新水平，更好地适应社会的需求。

试论互联网思维下艺术类本科生的新媒体技术课程设置

郭健鸣

摘要：本文以艺术类本科生新媒体技术课程设置改革作为切入点，解决如何使学生具备在以创新为核心动力环境下具有优秀竞争力的问题。本文提出的主要观点是在广告及新媒体相关专业艺术类本科生低年级基础课程中引入包括“新媒体硬件创意开发”“Processing 创意编程”“专业英语”“创造力思维”等课程，这将使学生在高年级专业课程学习中视野更广阔，更具创新精神，更易制作高质量文案和作品。在以往基础艺术训练课程比如“构成设计”“基础素描色彩”“艺术史论”等课程设置基础上，提出艺术类专业学生基础课程需要引入一定的与理科专业相关的技术内容，达到提高应用能力、适应社会需要的目的。

关键词：互联网思维　艺术类本科生教育　新媒体技术课程设置

一、概述

我国正在提倡以创新作为推动经济发展的核心动力，教育领域的创新改革是落实这一理念的重要战线，唯有将创新精神根植于高等教育师生心中才能使新一代生力军担负完成祖国持续发展的宏伟目标。乘着互联网技术蓬勃发展的浪潮，广告学及新媒体领域处在新技术发展的浪尖上，广告界因为技术的发展不断提出“重定义”的学术理念，而新媒体领域也正不断出现创新内容。这几种条件的作用，给广告和新媒体领域艺术类本科生教育带来了新的课题。

目前的艺术类本科生的课程设置存在一些弊端。从多数艺术类高校的课程表中往往可以发现其共同点是采用文理科院校的课程设置模式，即在大一和大二阶段多数是公共课、艺术基础训练和专业理论课程，大三以制作课程为主，后期可能会有项目制作课程，大四则主要是毕业设计或项目制作。然而，实际情况是艺术院校有自己的课程设置特点，学生不仅需在四年中完成采风和实习，最后关头还要花费大量时间找工作或准备升学，留给学生真正在专业创作上的时间并不多，一些需要大量实践的特殊专业比如雕塑、建筑、表演等也因此设置五年学制。宏观上看，这样的课程设置的弊端主要体现在三方面：一是学生对于专业的兴趣无法在学制早期被激发出来，难以促进学生自主学习；二是学生创作时间少、作品少，难以得到足够练习，造成其在将来找工作时竞争力不足；三是课程设置衔接不严密，导致学生在项目制作课程中无法有效利用相应的基础和理论知识，原因是课程间隔时间过长或前后开设的顺序不合理，或根本不开设存在联结、递进关系的课程。不同的教学政策、时间限制、师资硬件等固然是造成这些弊端的现实条件，不同学校和教育机构也已经意识到这些问题并寻求解决，但往往无法做到尽善尽美。

国内教育界一直以来都存在高等教育应注重通识教育还是注重职业技能教育的争论，对比有不同的理解和解释。针对不同学科、专业、院校，情况有所不同，但归根结底，行业需求才是真正的决定性因素。随着国家以创新作为经济发展的核心动力，鼓励创业的政策不断出台，可以预计未来重要的学生就业目的地将是中小企业。它们希望创新型人才尽快转化为企业经济效益，然而多数毕业生无法直接满足这样的要求，这本应是高等教育机构应该做好的事情。如果以传统课程设置教育出来的学生不能应对此种趋势，必将造成不利于学生就业的尴尬境地。新兴的互联网行业、创意媒体行业、广告行业等新媒体内容相关行业都需要从业人员掌握一定的跨学科的应用技能和理论知识。相关企业都期望直接雇佣能设计有内容、有创意、有远见的产品且技术娴熟的毕业生，如果教育教学改革能顺应行业需求，就能帮助学生决胜未来。

在以创新创意为核心竞争力的时代，按部就班就意味着已经落伍。当前高校学生已有相当多的知识来源，比如慕课（MOOC）可以让学生接触世界顶级教学内容。教育机构或许应该承认高校课堂本身已经不能再作为学生的首要知识内容来源了，此时唯有持续改革，走出独具一格的教育路线，引导学生的学习策略，让学生可以接触到自己希望学习的课程，并告知学生明确、直接的学习路径和准确的行业要求，才能培养出适应新形势的合格人才。更何况，当前许多新媒体相关行业甚至寄希望于独立职业教育机构培养人才，乃至认为高校毕业生都需要在职业教育机构学习才能在所在行业找到工作。综上所述，艺术类本科生的课程设置改革需求十分迫切。本文认为教育教学改革应该针对这些问题，最大程度上地合理利用实际条件，为学生规划最好的课程结构。本文提出在广告及新媒体相关专业艺术类本科生低年级艺术基础课程的基础上，引入包括“新媒体硬件创意开发”“Processing 创意编程”“专业英语”“创造力思维”等课程，用以配合大三的高级项目课程，如“三维动画制作”“网页设计与开发”“游戏设计”“用户界面设计”等。针对不同专业的特殊性设计渐进式的课程结构，使学生专业制作知识网络牢固建立起来，且给予学生充分的课程选择余地，最大限度地激发学生的学习兴趣和自主学习动力。

二、相关工作

（一）艺术技术知识融合的教育研究

教育家 Sir Ken Robinson 给出创意培养的三原则：第一点是注重多样化和不同角度的思维，包括科学、美学、抽象、视觉、听觉等方面；第二点是知识是动态的，大脑不同部位通过动态交互产生认知，创新的想法必然是动态生成的；第三是注重个性化，教育者需要及时发现并顺应个体的天赋进行培养。[①] 艺术和科学知识融合教学是遵循这些原则的，而传统分科教育显然不能更好地培养学生的创造性。宇航员、工程师、舞蹈家、教育家 Mae Jemison 提出艺术和科学要同时教授给学生，人们不能使用“二分法”认为

① SK Robinson. *Out of Our Minds: Learning to be Creative*. (《跳出思维定式：学习如何有创造力》) Wiley & Sons Press, 2011(4): pp232-234.

科学缺少创新或艺术缺少逻辑分析，因为人可以同时拥有这两种能力，而未来社会需要两者融合来产生新想法，促使人类不断进步。① 从教育学角度，对于艺术专业学生，传统教育观点认为数字时代的教育需要让学生理解“新媒体”作为培养学生“数位素养”的重要手段。②③ 这一观点被证明是不准确的，这主要因为学生需要真正参与到新媒体内容的实践和制作中，才能建立起数字时代独特的表达和行为方式，从而真正利用新媒体实现创意。④ 对于新媒体相关行业的教学，注重参与能力（Participatory Competencies）是至关重要的，最基本的原因就是优秀的创意、新媒体行业的创作过程需要工作人员从头至尾实际动手，仅仅停留在理解层面是不够的。作为教育者，不能只让学生置身事外地以观察者角度“理解”，而需要组织学生实际主动“参与”。“参与”就意味着新媒体技术教学具有相当的重要性。麻省理工媒体实验室的 Mitch Resnick 认为应该教给小孩子编程，⑤ 因为当今社会很多人可以使用新技术，比如手机、游戏、互动设备，但是往往不会制作，这就像是只会读而不会写，为了更好地激发创造力，人类应该从小做起，锻炼运用新技术的表达能力。学习编程的同时也是通过编程学习，就像学会阅读和写作可以提供更多机会学习其他知识一样。

（二）艺术技术结合的课程设置案例

目前，有很多学科需要同时具备逻辑分析、表达专业知识等才能的人才。建筑学包

① Mae Jemison. *Teach Arts and Sciences Together*.（《同时教授艺术和科学》），2009. 视频：https://www.ted.com/talks/mae_jemison_on_teaching_arts_and_sciences_together

② Buckingham, D. *Media Education: Literacy, Learning and Contemporary Culture*. （《媒体教育:知识，学习和现代文化》）Cambridge, UK: Polity Press，2003.

③ Gilster, P. *Digital Literacy*.（《数字文化知识》），New York NY: Wiley. Buckingham, D，2003. *Media education: Literacy, Learning and Contemporary Culture*. （《媒体教育:知识，学习和现代文化》）Cambridge, UK: Polity Press.

④ Kafai, Y. & Peppler, K. *Youth, Technology, and DIY: Developing Participatory Competencies in Creative Media Production*.（《年轻人、科技和DIY：在创意媒体制作中开发参与能力》），2011.

⑤ Mitch Resnick. *Let' s Teach Kids to Code*. （《让我们教小孩子编程吧》），2012.视频：http://www.ted.com/talks/mitch_resnick_let_s_teach_kids_to_code.

含建筑艺术和建筑技术，是艺术与技术的结合，清华大学和同济大学建筑学课程①②中都包含“画法几何”与“阴影透视”“素描”“建筑设计艺术”“装饰艺术”等艺术课程，又都包含“建筑力学”“结构选型”“建筑设计技术”等科学技术课程。温哥华电影学校③和墨尔本皇家理工学院④的游戏设计专业课程包括技术方面的“编程技术”“网络和移动端开发”“三维动画技术”等课程，同时包含“概念设计”“故事写作”“视听语言”“场景灯光设计”等艺术课程。南加州大学电影艺术学院互动娱乐专业课程⑤包括影视“艺术基础”“电影传播”“动画原理”等艺术理论课程，同时包括“计算机编程”“交互娱乐技术”等技术课程。卡内基梅隆大学设计学院广告设计专业课程包含“网页设计”“机械和电子基础”“Processing 创意编程”这些技术课程，也包含“字体设计”“产品设计”“摄影艺术”平面设计等传统广告艺术、理论课程⑥。

当前名校艺术技术结合相关专业课程设置共同点是非常注重艺术和技术课程的多元化，国内与国外大学专业课程设置的最大区别在于国外专业课可供学生根据自身情况自由选择，而国内大学可选余地不多。以上学校的毕业生水平均代表行业最高水平，这很大程度上归功于课程结构设置的正确性。国际名校的技术课程中基本明确说明了需要使用某些软件进行授课，这能印证技能和软件课程的必要性。

（三）互联网思维融合课程案例

除了传统教育机构的课程设置外，受教育者在当前互联网思维背景下的受教育机会事实上更多。一些免费公开课门户，如 Coursera、网易公开课、果壳 MOOC，一些带

---

① 清华大学建筑学专业课程表，http://wenku.baidu.com/link?url=6Y3UD2H3SpKgaOemydMzv_tiVRMEl6vFrijnOii_CsfhBeLaYxTQrtt9oGTgHkN4xHsMWHwAASz-cs4bW2dfovOCrC_RJzKCMBQ3sbU7t5q.

② 同济大学建筑学专业课程表，http://www.tongji-arch.org/specials_list1.asp.

③ 温哥华电影学习游戏设计专业课程表，https://vfs.edu/programs/game-design/curriculum.

④ 墨尔本皇家理工游戏设计专业课程表，http://www.rmit.edu.au/study-with-us/levels-of-study/undergraduate-study/bachelor-degrees/bp214/#pageId=overview.

⑤ 南加州大学影视艺术学院2015-2016互动艺术专业课程表，http://catalogue.usc.edu/preview_program.php?catoid=2&poid=1052&returnto=365.

⑥ 卡内基梅隆大学设计学院课程表，http://coursecatalog.web.cmu.edu/collegeoffinearts/schoolofdesign/courses/.

有营利性质的慕课门户，如慕课网、Code Academy，以及一些专业培训网站，如 Digital Tutors、ABOUTCG、翼虎网等，都给了大众接触前沿知识的机会。Coursera.org 是斯坦福大学等发起的名校公开课门户网站，在上面只需免费注册即可获得海量世界名校课程的视频、文字资料，甚至可以远程提交作业并获得批改，这样的形式创造了慕课的概念。Coursera 上纽约州立大学 Margaret Schedel 博士开设了一门“计算艺术导论”。她用 Processing 作为图形艺术教学工具，Logic 软件作为音乐艺术教学工具，Photoshop 作为设计工具讲授艺术设计原理。在慕课网和 Code Academy 上有交互训练系统，非常有利于学生学习编程。Digital Tutors 是一个商业视频教程网站，网站组织许多动画、影视行业的专业人士录制成套教学视频以供自学，在这个网站上既可以找到如何使用 Maya 软件制作精细的三维模型，也能学习色彩理论。

如果说普通高校师资无法达到名校设立艺术技术融合课程的要求，这些互联网资源正好可以填补课堂上不能详细覆盖的内容。互联网内容更新更及时，可以使学生依据兴趣学习到最新的行业内容。但缺点包括：第一，无法有效建立约束学生学习的机制，无论是免费或是收费，学生可能没有毅力坚持学完，而大学课堂的学习和考核制度更健全；第二，信息离散，学生注意力容易分散，正因为接触到的信息太多，会分散学生的学习精力，而大学课程结构更有利于引导专业知识体系的建立；第三，内容的可靠性不足，除了名校公开课，其他的资源往往编排不够严谨，需要学生有相当的自主辨别能力。因此，互联网内容和大学课堂应该是互补关系，高校教师可以引导学生接触相应内容，学生也可将产生的疑问带入课堂解决。本文基于这些相关工作，继续提出以下新媒体技术课程设置的具体内容和方法。

三、新媒体技术课程设置

（一）改变角色——给予学生选择课程的自由

在本科期间，在某一专业方向上，随着学习时间的延展，学生的知识水平和兴趣点均会产生个体变化。因为个体自身努力程度不同，传统固定的课程结构会导致有部分学生感觉所学内容过于简单或困难，以致学生的课堂注意力散失或潜力无法发挥。固定课程设置相对学生学习程度而言，容易产生错位。艺术类学生入学之前必然已有一定的创作经验和基础，并且我们已经知道创意教育的原则之一是个性化，保证适应学习程度和个性化的必然需求是破除固定的课程设置。

破除固定课程设置的模式包括：第一，取消专业课年级壁垒，让不同年级学生可以同堂上课，学习差异并不一定是按照年级、班级聚类的，事实上越早学会创作技能，越有利于学生积累创作经验，而不能因为课程设置限制学生的艺术创作；第二，设置阶梯式难度课程，高难度课程的学习必须有前置课程的积累，学生直接选择高级课程不会有成效，设置爬坡阶段有利于打下坚实的专业基础；第三，理论、技能并重，要求学生选课时必须兼顾基础理论和技能课程，难度课程同样需要理论课程作前置基础；第四，建立选课咨询机制，因材施教地指导学生个性选课，选课也同样不能随心所欲，需要一定原则；第五，降低课程门数，加长课程分布时间，给予学生充分时间消化所学内容；第六，提高辅导、创作类课程比例。

这样的模式转变会产生师资安排冲突和困难，解决方法有以下几点：第一，同一课程可以配备多名教师，授课分为讲课、辅导和讨论，可分别由不同教师教学；第二，不同教师分担作业批改和学生考核，应对某些课程大量学生选课的情况；第三，技能课分组辅导和试验，以应对硬件条件限制；第四，设置创作课程选课年级班级限制制度，以应对实验室、创作资源冲突问题。

做出这样模式转换设计的前提就是相信学生的自主学习能力，相信创意教育的多样化、知识动态化和个性化培养原则，将教育者的角色从大家长转变为学生专业进步的伙伴，把现行培养“教授”的教育机制变为培养真正创新的创作人才。

（二）为创作做准备——技术基础课程设置

目前，新媒体技术相关的艺术专业包括数字影视、动画、游戏、音乐、广告、建筑、网络媒体创作等，这些专业中技能课程的核心是为学生创作服务，然而新技术发展十分迅速，师资水平往往发展难以追赶行业发展趋势，会遇到本文开篇时提到的很多问题。

本文认为，高校课程中一味追逐设置行业流行技术课程并不实际，教师应充分肯定学生自主努力的潜力，提供给学生进行自主学习的坚实基础。而针对新媒体内容而言，坚实的自主学习基础建立在运用新媒体技术手段进行创作和表达上。在设置选课的课程结构基础上，本文继续提出针对新媒体技术课程内容的具体设置方案。

首先，设置专业英语为低年级必修课程。不得不承认西方在新媒体技术相关内容，无论是产业还是教育方面都全面领先我国，国外许多先进的学术信息、行业信息与国内不对称，因为几乎 90% 以上的新媒体内容制作软件都是西方制作的。目前，若想追赶新媒体技术相关的创作、学术、教育内容，迫切需要学生直接理解英语内容。新媒体技术中需要掌握的编程、软件操作等内容，学生在理解英语的基础上，学习难度都会极大降低。目前，许多艺术院校确实开设了英语公共课，可是往往此种课程并不针对学生专业设置，对于专业学习帮助有限。本文旨在提出专门开设专业相关英语课，或使用英语作为专业教学工具，贯穿整个学生学习经历。

其次，设置编程基础课程，以 Scratch、Processing、Chuck 等编程语言为讲课工具。Scratch 是斯坦福媒体实验室开发的图形化编程语言，它已经成为北美 12 岁以下学生编程启蒙教学的首要工具。Scratch 语言编程的目的是使用图形化的“语句”操作一些预制动画元素形成交互作品。虽然 Scratch 原本为 12 岁以下学生设计，可是它具有的独特启蒙教学作用强过任何高级语言，用它作为我国艺术类本科生低年级新媒体技术启蒙教学工具十分合适。Processing 语言是一种专门为艺术家设计的图像编程语言，它具有学习简单、和高级语言衔接紧密、支持社区开发等特点，是可以直接进行高级交互艺术创作的语言。西方许多艺术院校在低年级引入 Processing 教学以引导艺术类专业学生了解新媒体技术，计算机类专业学生了解艺术创作。Chuck 语言是普林斯顿大学王戈教授开发的音乐编程语言，使用 Chuck 可以直接生成独特的音乐作品，是非常有利于启蒙音乐方面的新媒体技术基础。

向艺术类专业的学生教授这些编程语言具有很强的创作实践性，这和以往普通院校里向理科学生教授计算机语言不同，也和艺术院校里直接教授软件制作技能课程不同，这样的编程基础教学目的是作为学生未来学习的基础，因为新媒体技术的学习存在继承性，创作技术实现的基本原理相同。这样的教学过程用来填充学生从基础教育过渡到专业教育和自身兴趣迈进过程中产生的沟壑。

再次，开设新媒体硬件基础课程，以树莓派、Arduino 等硬件开发板为基础，指导学生尝试制作交互作品。树莓派将全部计算机需要的核心模块集成在成本极低的电路板上，并提供标准化的硬件输入输出接口，以控制众多传感器。Arduino 是成本比树莓派还低的单片机开发板。学生仅使用基本编程语言即可利用此种开发硬件控制读取许多传感器和电子器件。这些开发硬件的使用并不需要电子电路的基础，有很多艺术家依靠此类硬件创作作品，这些装置越来越多地出现在西方课堂中。

在学生掌握艺术作品的创作技能、理论和思维时，还缺少的就是将作品和人拉近关系的媒介。纸质、屏幕、音乐等传统媒介的表达方式都是极其有限的。将作品代入空间和人产生交互，或制作成产品服务大众，将是新媒体发展的重要趋势，这已经在人机交互领域不断得以重点发展的当前时代有所印证。正如前文提到的参与表达概念，学生可以通过相关的硬件应用课程真正学会制作一个新媒体物品，将创作提升到创造层面，更有可能做出艺术与技术结合的产物。在学生已经掌握新媒体编程技术基础上，仅需稍稍引导，学生就可以开始进行创造。

最后，开展创造力思维课程教育。只有具备创新精神，学生才能结合实际动手能力创作作品。这门课程可以锻炼学生多方位思考的能力，在技术基础课程学习的同时帮助学生积累未来的创作素材。学生在掌握一定技能以后，阻碍其创作的唯一因素就是创造力，这门课不是在教思维技巧或定式，而是鼓励学生用于实践自己所想、合作交流、“头脑风暴”，做从未有人尝试过的事。

（三）互联网思维——知识共享氛围的建立

在慕课概念提出时，鼓励学生主动学习的重要方法是同伴效应，指的是建立一种学习社区，使得每个学生都互相看到朋友在努力学习的内容和课程，激励自己努力。社交媒体作为互联网思维的产物，证明了它对人有很强的吸引力，课堂教学可以吸收这种优点，在学生中建立知识共享的氛围，利用这种氛围吸引和鼓励学生学习。

知识共享最重要的发起者和先行者应该是教师，教师需要将筛选过的可靠知识内容汇集起来，按照框架分类，进而共享给学生。但是维护这样的知识内容需要牵扯大量精力，交给一位教师是不切实际的，知识共享过程事实上需要整个社区的努力，也就是需要把知识库建立的过程自然分配到不同人的身上，不能一蹴而就，学生需要从建立的过程中学习。以互联网为例，维基百科[①]项目便是基于这样的思维建立起来的，许多软、硬件项目文档也是依靠社区力量慢慢建立起来的。

教师可以采取许多具体方法建立知识共享的氛围。很多教师在微信平台建立公众账号推送一些课程知识内容。但是微信平台有众多干扰，让学生难以集中精力，内容也无法显示太多，不够学术和严谨，内容迁移也无法简单地完成，不利于长久维护。相比之下，一些笔记共享软件更适合正式使用，可利用群组笔记功能向学生及时推送知识点，经过整理的信息可以长久保留并同步在许多不同终端。对于专门的技术课程中需要利用除文字和图片之外的手段的，可以录制视频，以微课或辅导视频的形式在一些视频的共享网站传播。教师分享知识的同时也要求学生同样去做，为了让学生参与共享，在课程考核中应该考虑以学生对学习社区贡献的多寡进行评分，以引导学生的社会责任意识。

四、结论

本文主要贡献有：第一，探讨当前新媒体相关高等教育课程设置中存在的问题；第二，指出新媒体技术内容教学的重要性；第三，展示名校相关课程设置情况；第四，提出新媒体技术课程设置的具体方法、内容和模式。然而教学改革是需要不断实践，并在实践中调整的，本文的目的是针对特定领域在互联网思维背景下提出一套可行的改革方案，难免存在考虑不周全、论证不完整、细节不到位等问题，本文提出的方法也不可能对任何高校、院系都可以施行。本文提到的方法还需继续从点滴做起，通过实践不断证实或改正，一切都是为了培养出适应时代发展的出色的创新型人才。

① 周庆山、王京山：《维基百科信息自组织模式探析》，第29—32页，《情报资料工作》，2007年第2期。

“图形创意”课程实践教学模式研究

李雨甜

摘要：“图形创意”课程是本科广告学专业的一门重要专业课，在平面设计中具有举足轻重的作用。“图形创意”课程就是以图形作为主要媒介进行传播，通过对学生创新思维的培养和互动式教学法，培养学生独立准确地运用图形表述并传达信息的能力。对该课程的教学改革应从着重培养学生创新思维、改进课堂教学模式两方面来着手。

关键词：图形创意　创新思维　教学方法

“图形创意”是广告学专业的一门重要的专业基础课程，着重于图形语言的研究。其应用范围极广，涵盖标志设计、海报设计、包装设计等视觉传达领域。随着时代的进步与发展，图形的发展也经历着一个前所未有的视觉冲击时代。今天，我们对图形的认识在“图而成形”的基础上更具体化、符号化，图形创意是通过提炼自然物象后进行再创造的符号，而非纯粹地对自然物体的写实记录。对于图形创意课程教学来说，开拓学生思维，更新教师教学方法，与时代接轨显得尤为重要。

一、创新思维培养

随着社会进步和科学技术的日新月异，人们的观念也在不断发生改变，但作为设计的基础教育的本质——创造性能力的培养是不会改变的。图形的创意是图形设计的核心，而创意的核心是创造性。图形创意的重点在于“创意”二字。它的内涵就是创新和创造；联想是图形创意的第一步，图形的创造应源于生活，高于生活；它往往体现创作者独特的视角与认识。因此，图形创意课程教学的重点就是培养学生的创造性思维。思维方法的创新，最主要的目的是摆脱束缚，建立创新的理念。在平日教学中，教师应当采取“寓教于乐”的方法，多举国内外优秀的案例，将大学生专业赛事比赛作品融入课程进行讲解，用游戏的形式使学生敞开心扉，多鼓励学生在练习中勇于突破传统思维，要求学生就一个命题尽可能多地推导出不同元素，然后在其中找到最适合的元素进行图形创作，并赋予其深刻的内涵，使得图形创意设计得以完善。但是，这种先广度、再深度的教学方式，在图形创意教学中却不能被有效地使用。目前，我国教学仍停留在对教材内容生搬硬套的阶段，教学内容枯燥乏味，缺少实际操作，从而造成了学生“不愿学”“学不进”的局面。因此，教师应当在教学中的课程编排上下功夫，必须不断地积累自身的知识，在教学过程中不断增进学生知识面的广度，提升学生知识面的深度，开拓学生的视野与思维，培养学生勇于探索、突破自我、敢于创新的精神。困难的产生是思维方式所设的障碍，因此，教师要在教学过程中注重学生思维的培养，让学生通过一定量的创新思维练习，摆脱思维束缚。思维要先行于图形的形态表现，创新思维是为了满足创意需要，必须让学生在平日积累中加以练习，让创意变成习惯，进而变成一种能力。在图形创意的教学过程中，突破常规思维的束缚是培养创新思维能力最重要的环节之一。要想突破常规思维的束缚，笔者认为扩散思维和求异思维是两种较有效的方法。扩散思维方式不受常规思维的束缚，将相关的思路、设想、元素汇集到一起，是突破思维定式的关键；而求异思维敢于“反其道而思之”，让学生的思维向对立面的方向思考，从问题的相反面深入地进行探索，树立新思想，从而创立新图形形象。除了扩散思维和求异思维之外，其实还有很多方法可以用来训练学生的联想与想象能力，在教学中可以采用多种思维、多样角度、多种表现并行的方式进行创意训练。

二、互动式教学法

互动式教学，就是通过营造多边互动的教学环境，在教学双方平等交流探讨的过程中，达到不同观点碰撞交融，进而激发教学双方的主动性和探索性，达成提高教学效果的一种教学方式。要在教学环节中体现“创意”，就必须在传统讲授理论的基础上，拓展出更多样的教学方式。让学生的主体地位在课堂上得到落实和突显，既是互动式教学的内在要求，也是学生能力发展的需要，让学生掌握学习的主动权，提高学生自主学习的能动性。首先，在课堂教学中引入游戏，活跃课堂气氛，让学生参与其中，产生兴趣；其次，以交流、讨论的方式，让学生的思维发生碰撞，营造一个自由活跃的课堂。对于较被动的学生，可以采取“抛砖引玉”的方式，触动其思考并回答问题。只有互动教学的全员性、广泛性，才能实现教学互动向更深、更广的方向拓展，使学生能力得到培养和锻炼。例如，在实际教学中采取学生分组的形式，两个人一个小组进行讨论，要求学生互助合作尝试探索知识，针对某一比赛命题，小组中每个成员都要对策略单进行解析并提取关键词，构思创意。教师在学生构思创意的过程中要启发学生们从不同方向思考，勇于创新，不断寻找关键词，并运用思维导图将其记录下来；再次，将得到的元素进行提炼再造，运用图形创意的方法执行出来。对于同一个命题，要求每组学生进行十个“头脑风暴”，并将得出的创意草图在班上讨论交流，由小组成员介绍自己的创意构思及想法，然后由其他小组的同学提出问题并予以解答。在经过谈论后，学生看问题的广度不断加深，从而加深创意的内涵。在各组交流的过程中，教师要启发学生发掘素材过程中可深入的部分，给予学生最大的鼓励与支持，指导学生采用适宜的创意手法表现主题，对主题深入刻画。最后，由每组选出一个最佳创意进行点评，这是集体互动交流的结果。在此基础上，将全年级开设该门课程的班级的创意作品汇集起来，再组织学生进行讨论比较，这样不但扩大了互动式教学的影响力，还让学生之间产生一种良性竞争的氛围，使学生受益匪浅。

三、结语

图形创意课程以图形作为传递信息的载体，以传播信息作为创作目的，开阔的思维有利于学生更好地去获得新颖的想法，为好的创意提供基础；互动式教学法在调动课堂气氛的同时，还让学生在有限的时间里大幅度地提高了学习的热情，变被动为主动；通过大量的课程实践，使学生掌握图形创意的相关知识与表现技巧，并能在今后具体实践中独立思考、解决问题，通过所设计的图形，准确地把自己的理念用视觉语言传达出来，完成设计工作。

参考文献：

[1] 刘佳，杨旭，马莉，向杨茜 . 图形创意基础教程 [M]. 南宁：广西美术出版社，2009.

[2] 胡飞雪 . 创新思维训练与方法 [M]. 北京：机械工业出版社，2009.

[3] 阎评 . 论图形创意及其思维形式 [J]. 装饰，2003(9).

[4] 森文 . 图形创意教学研究 [J]. 云南艺术学院学报，2005(4).

[5] 于洁 . 图形创意课程教学策略研究 [J]. 美与时代（上）,2015(11).

（本文为广西艺术学院教改项目“图形创意课程实践教学模式研究”阶段性成果）

广告摄影教学改革的思路浅析

王思源

摘要：改革开放以来，在我国商品经济的发展大背景下广告摄影专业的课程教学逐渐走向专业，广告学相关的课程也在各地高校逐渐开展起来。尽管如此，目前我国广告摄影教育中存在着诸多显而易见的问题，设备欠缺、教学思路不清晰、教师素质参差不齐等。因此，在这样一个商品经济繁荣、广告产业蒸蒸日上的时代理清广告摄影教育的思路是十分有必要的。

关键词：广告摄影 教学改革 摄影教育

中国的摄影史要从19世纪开始讲起。但真正的繁荣还是在近些年，中国的专业摄影教育起步比较晚，从20世纪50年代才开始有，80年代南京师范大学、鲁迅美术学院等高校相继设立了摄影的本科教育，可以说标志着高等摄影教育在中国的确立。近年来，在一些普通高校中普遍增设了与摄影相关的专业和学科，摄影专业也如雨后春笋般地多了起来，在这样一个红火的形势下如果冷静地观察我们的摄影教育，特别是仔细地横向对比各摄影教育发达的国家与我们的差别，形势不容乐观。我们的摄影教育尽管看上去热闹非凡，除去办学比较早、声望比较高的那些学校，大部分学校的相关专业其实是相当薄弱的。有些院校甚至缺乏最基本的师资与教学设备。

总结起来，国内的摄影教育的问题无非可以归结为以下三个方面：

第一，教学条件简陋，办学动机不纯。近年来，由于摄影专业尤其是广告摄影、商业摄影等方向人才缺口比较大，很多学校一拥而上地创办摄影专业。其中很多学校在连基本的摄影棚和暗房都不具备的情况下，堂而皇之地开设所谓的摄影系或者摄影专业。还有一些综合院校虽然有经济能力来购置专业的设备，但是由于其很多教师根本没有摄影棚的构建、管理、维护的经验，也不肯弯下腰虚心向社会上的商业摄影棚去学习，很多措施和规章完全是想当然或者简单地照猫画虎、按图索骥，因此，做起事情来肯定是事倍功半、举步维艰。出现这个问题主要是因为很多院校在创建摄影专业的时候只看到了新专业能带来的生源、声望方面的利益，而忽视了摄影教育的基本规律。

第二，师资力量薄弱，多数为纸上谈兵、夸夸其谈之辈。这个问题说起来和第一个问题不无关系，由于许多院校在设立新专业时仓促，因此师资力量薄弱就不可避免了。夸张一点的院校甚至面临着学生已经进入校门了还在四处寻找教师的窘境。由于近年来摄影专业在全国很多学校开设，而老牌摄影专业毕业的科班摄影专业毕业生少之又少，因此，许多摄影发烧友也被吸纳进摄影教师队伍。即便是有些高校有条件在选择师资的时候，尽量选择科班出身的毕业生，但他们依然面临的一个问题就是实际上许多科班出身的学生从来就没有真正的商业摄影经验，所以对引进这些毕业生能否培训出广告摄影方面的人才深表怀疑。

第三，实践课程数量偏少、水平偏低。这个问题正是由以上两个问题所引发来的，教学条件的简陋和师资力量的薄弱造成了学生们得到实践的机会太少。由于摄影特别是广告摄影对于器材的倚重还是相当大的，没有一定层次的设备就做不了相应的工作，加上有些教师本身也不懂广告摄影的规律，无法引导学生进行一些针对性的创作，学生在课后也懵懵懂懂。

广告摄影是一门实践性很强的课程，需要理论和实践的结合，需要创意和技术契合。摄影教育和作为舶来品的摄影本身同样都是从西方传入中国的，因此，追根溯源地去考察一下摄影教育在西方的状态或许对我们有些启发。昆士兰艺术学院是澳大利亚著名的艺术院校，其摄影教育的特色是工作室模式教学和拥有大量的摄影设备供教学和学生实践创作。该学校的摄影课程安排给予学生比较大的自由度。每个学期的课程可以在前一学期的基础上由学生在一定范围内自由选择。这样既提高了学生的主动性，也很好地解决了一些常见的如学生对本专业没有兴趣的问题。也只有在学生把个人意愿和自己的发展方向结合起来的时候，才能发挥最大的积极性。昆士兰艺术学院的摄影课程设置还有一个特色是，主要的课程可能会持续一个学期甚至一个学年，这种设置相对于国内大部分院校集中授课的做法有一点显而易见的好处，就是能够让学生边学习边思索，在新知识点学习完后有时间进行大量的实践创作。

昆士兰艺术学院的器材配备也有值得称道之处。广告摄影对于器材的倚重是显而易见的，广告摄影的特点就是优秀的画质，而决定这个的主要因素就是器材。摄影器材一般来说非常昂贵，这对学生来说是难以承受的。学院设置专门的借用制度，有大量的各种型号、种类的相机、镜头、灯光设备供学生取用。位于东京的日本大学摄影系是日本高校里摄影教育比较专业的，该摄影系创立于 1939 年，教学层次比较齐全，从本科到博士都有，该校的特色之一就是实验室比如暗房和摄影棚对学生是全天候开放的，学生可以在课堂外的任意时间通过一定的手续借用。而且暗房和影棚数量也足以供学生使用。这和国内的几十人在一起轮流拍摄的情况迥然有别。该摄影系还有一个令人羡慕之处，他们的收藏室里面收藏了大量的名作以及自己历代的毕业生的毕业创作。从 20 世纪 70 年代开始，他们每年都有专门的经费来收集世界各地的重要摄影作品的原作。所有作品均采用无酸材料装帧放到恒温恒湿的库房进行收藏。摄影系会举办固定的原作展览。教师也可以在授课时带学生进入仓库进行近距离观摩。这样的近距离和原著对话跟通过网络和印刷品来学习相比，优势不言而喻。顾峥曾经说过自己的一个经历，有一次他在美国策划一个中国当代摄影的展览时恰好遇到当地一个学院的美术史教师。经过交流之后对方邀请他去当地学院的美术馆参观。他看了之后大为吃惊，他发现当地这个名不见经传的学院拥有两个美术馆收藏有近 900 件摄影作品。而反观我们的很多知名院校都很少见到有成系统的摄影作品收藏。

通过考察国外的一些院校的摄影专业设置情况我们得出以下几点体会：第一，完善的实验室建设对于摄影专业的教学以及学生的实践作用很大；第二，系统的高水平的摄影作品的收藏对于开拓学生的视野具有不可替代的作用，网络上的图片或者印刷品于原作的意义不可同日而语；第三，工作室制度对于广告摄影教学来说比之于单纯的课堂讲授的方式更合适。

限于经济原因，国内的大部分学校实验室的设备都存在不同程度的欠缺。笔者所在的广西艺术学院是我国六所独立的艺术类高等学校之一，是省部共建高校，实验室的配置在国内高校来讲是属于中上水平的。特别是最近几年在各级领导关心和支持下，实验室的发展有了比较大的进步。饶是如此，对比国外，我们的实验室无论从设备还是从管理制度都有一些欠缺，比如 120 及大画幅摄影设备依然欠缺，对于广告摄影的教学来说是以大画幅及 120 设备为主的。因此，缺乏这些设备的使用经验，对于学生的职业生涯是一个欠缺。除了摄影设备，灯光设备也比较陈旧，尽管很多器材都是近年来采购的，但由于一些条件的限制，在技术指标上还不能够完全达到广告摄影的要求。此外，管理制度也是实验室建设的一个重要方面，有了新的器材之后如何完善管理也是很重要的方面。

国内高校目前大多还没有认识到原作收藏对于摄影教学的作用，或者说有些学校即使意识到了这个情况，却还没有展开行动。我们的高校摄影专业没有摄影作品的收藏，原因是多方面的，笔者在这篇小文章中也无意深究，只想简单地讨论一下摄影收藏对教育的帮助。摄影收藏可以让学生直接近距离接触优秀的原作，仔细观察银盐在相纸上的呈现方式，切身体会名作的标准、体会优秀作品的含义，感受优秀作品的灵魂。其实摄影教育里面教师的讲授固然重要，但是优秀作品的熏陶也不可或缺。近距离面对原作所受到的教育是其他的教学手段所无法替代的。一个有了摄影收藏的院系可以为学生提供随时与精品对话的机会，这无论对提高学生的艺术鉴赏力还是对提高学生的创作能力都有很大帮助。

工作室制度在国内一些艺术院校里面不算新鲜，但在摄影教育上还不多见。工作室，制度就是除了课堂之外学生还要分属不同的工作室，接受不同老师的指导，进行创作。总之，都是把学生的课堂学习和课外实践进行有效结合的方式。无论在国外的一些摄影系，还是在国内的一些实践性比较强的专业里，都已经被证明过了。所以如何将这种制度引入广告摄影的教学中来是我们努力的方向之一。

参考文献:

[1] 张建利. 关于我国高等摄影教育的思考 [J]. 湖南科技学院学报，2006(9).

[2] 张楠. 摄影教育的教学理念、课程设置与教学方法——兼论视觉素养教育与摄影教育的关系 [J]. 徐州工程学院学报，2008(2).

[3] 王培蓓. 澳大利亚昆士兰艺术学院摄影教育初探 [J]. 设计艺术，2008(2).

[4] 冯建国. 借鉴与反思海内外摄影教育和摄影收藏见闻录 [J]. 中国摄影家，2008(6).

[5] 顾铮. 摄影收藏、摄影教育与大学文化 [J]. 美苑，2005(4).

移动媒体广告游戏创意与制作教学研究
——以东南汽车品牌移动媒体广告游戏为例

韦　维

摘要：快速发展的移动媒体与网络技术不但加快了信息的传播速度，还改变了人们的沟通、交流方式。智能手机、平板电脑甚至可穿戴设备已经成为人们日常工作、生活的一部分，并逐渐成为新的广告载体。与其他广告媒体相比，移动媒体所具备的交互性、即时性具有更大的吸引力与更大的创新空间，但是，要想在这一领域创新，需要跨越更多领域的专业知识。如何在广告学专业教学中引入游戏广告创意与制作是本文研究的重点。

关键词：移动媒体广告　创意设计游戏　教学研究

一、绪论

（一）研究背景与拟解决的问题

本文以“东南汽车品牌移动媒体广告游戏”项目为研究对象。采用个案研究法，以项目开发、创作者的身份，结合国内外相关研究的成果，对该项目在创作过程中，广告创意的表现形式及编程、网络等媒体技术的运用，移动媒体进行广告游戏创意表现的规律进行研究。拟解决以下几个问题：第一，广告创意理论在移动媒体广告中和教学活动中如何运用；第二，互动广告教学活动中如何使用数字媒体艺术进行创意表现；第三，在面向设计类学生教学时，计算机编程、网络技术等技术教学难点如何解决。研究的意义在于：通过开展移动媒体广告游戏方面的研究，分析当前移动新媒体技术在广告创意中的运用，探索广告创意、艺术设计与媒体技术的协作方式，查找创作与开发的规律。希望研究成果能够为广告公司、汽车企业进行移动媒体广告创意活动提供参考，能够为广告公司与软件开发公司在新媒体广告领域中开展合作提供借鉴。

（二）国内外移动媒体广告游戏研究现状

移动媒体是一个新的媒体技术发展领域，已经成为传播学的研究热点，但是对移动媒体广告游戏领域的研究还是相对较少，且大多是针对游戏体验方面或者传播学方面的研究，极少针对移动媒体广告游戏的创意表现进行研究，采用个案研究法结合媒体技术进行研究的更少。而移动媒体广告游戏又有别于传统游戏与其他广告物，一些游戏领域、广告领域的研究成果不能直接套用。在查阅过的相关研究中，芬兰奥路大学 Jari Salo, Heikki Karjaluoto 的论文 *Moblle Games as an Advertising Medium: towards a New Resarch Agenda* 早在 2007 年就对这方面进行了研究，并提出手机广告游戏将是一个新的发展方向。当时正处于智能手机刚刚出现、移动媒体崭露头角的时期，移动媒体广告游戏的生态环境逐渐形成，文中就已经提出移动媒体具有的优势及良好的发展前景，并对移动媒体广告游戏进行了初步的分类。

根据《中国传媒产业发展报告 (2014)》，2013 年互联网及移动媒体行业收入的增长幅度领先，市场份额超越传统媒体，网络广告市场规模也追平电视媒体。而根据《2011 年 1—6 月中国不同类型应用程序中的广告点击率》的调查报告，游戏程序拥有较高的广告点击率。

综上所述，开展移动媒体广告游戏创意表现方面的研究，是有其实用价值的。

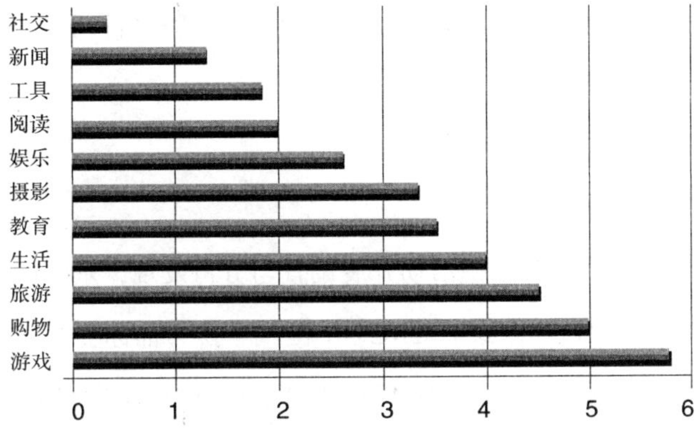

图 1　2011 年 1–6 月中国不同类型应用程序中的广告点击率

（三）研究方法及创新点

本文主要采用的研究方法是个案研究法。研究的个案对象是“东南汽车品牌移动媒体广告游戏”项目，对项目的创意过程和设计、开发的过程进行长时间的、连续的跟踪研究。该项目是一个完整的、贴近实际的广告游戏项目，能够从中收集数据，开展试验，以及进行观察与统计，具有一定的代表性和典型性。该项目也是作者参与的项目，使研究也具有一定的深入性与可操作性。

主要创新点在于：一是研究领域上的创新。移动媒体领域是目前传播学研究的一个热点，但是对于移动媒体技术与传播学交叉的领域，特别是对于移动媒体广告游戏的研究还是相对较少，而且目前国内移动媒体应用市场这方面的案例也比较少。二是研究对象上的创新。此课题研究是以一个完整的广告游戏项目作为研究对象，以设计、开发者的第一视角，对广告创意、设计、开发过程进行准确分析，研究对象明确，获取的研究样本真实、完整，有利于研究的开展。

二、广告游戏创意分析

“东南汽车品牌移动媒体广告游戏”项目主要包括广告游戏创意过程、广告游戏设计及广告游戏开发三个部分。广告的媒体以手机、平板电脑移动媒体为主，并利用社交网络、二维码等方式进行传播。在广告游戏制作前期，对品牌进行调查、分析，为品牌寻找适合在移动媒体上的广告创意。

（一）东南汽车品牌分析

通过对东南汽车品牌的广告营销活动开展调查与分析发现，东南汽车品牌具有一定的汽车运动文化内涵。自 2007 年参加 CRC（中国汽车拉力锦标赛）以来，东南汽车每年成绩均在三甲之列，9 轮车手冠军，14 场车队冠军，11 次车队全场冠军，7 年内 3 夺年度总冠军。在 CRC 2014 年赛事中段，夺得怀柔段赛后总成绩第一名的即东南汽车的车队，使用的汽车是东南 V6 菱仕，且前 10 名中就有 3 辆东南 V6 菱仕。广告游戏的核心功能是利用广告游戏的优势，通过游戏及网络社交平台分享，将东南汽车的“运动性”买点进行传播，让东南汽车在消费者心中占据“入门运动型家轿”的地位。

表 1 CRC 2014 年怀柔段赛后成绩排名

排名	品牌	车型
1	东南汽车	V6 菱仕
2	一汽大众	高尔夫
3	上海大众斯柯达	晶锐
4	斯巴鲁	ST1
5	斯巴鲁	ST1
6	东南汽车	菱仕 V6
7	上海大众斯柯达	晶锐
8	东南汽车	菱仕 V6
9	斯巴鲁	ST1
10	三菱	EVO9
11	斯巴鲁	ST1
12	三菱	EVO9
13	东风本田	思域
14	三菱	EVO9
15	东南汽车	菱仕 V6

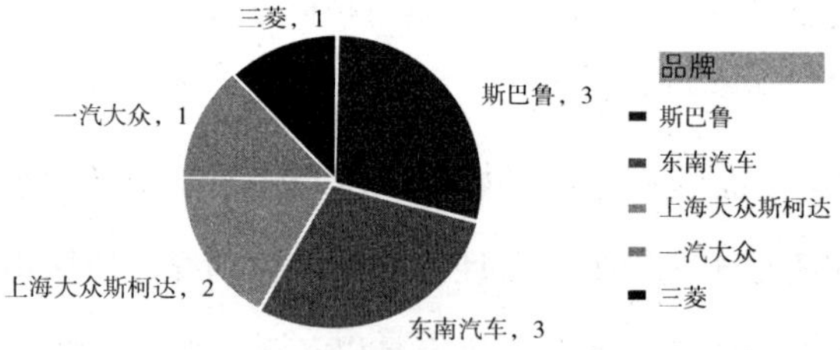

图 2 2014 年怀柔段赛后前 10 名汽车品牌统计分析

（二）广告游戏主题的确定

根据东南汽车品牌的“入门级运动型家轿”的定位，将广告游戏主题确定为“运动、挑战、分享”。游戏中文名称为“东南座驾”，以 Android 平台为主要平台。

运动：指汽车运动。随着国内汽车销量的提高，汽车相关知识的普及，大众对汽车运动的关注度也在不断提升，加上东南汽车品牌在 CRC 中长期保持了优异的成绩，因此将汽车运动作为游戏的核心概念。在游戏中，实现对汽车的改装、升级等与汽车运动相关的游戏元素。

挑战：游戏者可通过网络挑战其他对手。让游戏者通过网络挑战其他游戏者以提高游戏的可玩度，使游戏世界社区化、多元化。相比单机游戏，网络游戏更能保持游戏者的黏度，提高品牌传播效果。

分享：在完成挑战后，可通过微信进行分享。实现游戏分享不但可以提高游戏者的成就感，而且通过社交平台分享游戏，能够达到品牌二次传播的目的。

三、广告游戏创意设计

（一）创意技术难点问题

在确定广告主题为“运动、挑战、方向”后，首先要解决几个关键性的核心技术问题：一是 3D 游戏画面，二是网络对战，三是网络社交媒体分享。

1．3D 游戏画面

游戏画面可以说是一个游戏最先吸引人的部分，随着移动媒体设备的性能不断提高，技术的不断发展，3D 游戏画面已经能够在大多数移动媒体上实现，3D 画面的赛车类游戏更具有表现力。但是，使用 3D 进行游戏制作，对技术、美工方面都有较高的要求。程序方面 3D 画面要求掌握 OpenGL 图形编程语言、三维坐标处理、线性代数等相关知识，美工方面要求掌握游戏建模、材质贴图等。为了确定游戏开发的可行性，在游戏设计制作的前期，笔者首先对 3D 游戏画面开发的可行性进行了试验，分别尝试了以下三种不同的开发模式：

开发模式	画面质量	难度	是否便利	成本	性能	文件大小	兼容性
Android Java	（与开发者水平相关）	难	非常不便	免费	高	小	高
JPCT-AE 引擎	（与开发者水平相关）	一般	不便	免费	高	小	高
Unity 引擎	高	易	方便	免费（专业版需要付费）	中	大	中

经过上述对比发现，Android Java 与 JPCT-AE 引擎开发方式虽然完全免费，具有较高的性能，但是，开发学习难度较高，开发周期长。Unity 引擎虽然是商业软件，但是其提供的免费版已经提供了绝大部分基本的功能，足以完成整个项目的开发。且开发学习难点低，开发进度快，较适合本项目的开发。针对 Unity 引擎的性能问题，使用了约 7 种移动设备进行了性能测试，发现 Unity 引擎虽然占用了一定的资源，但是得益于其使用了遮挡剔除、Mipmap 等优化技术，在 30 万顶点、25 万三角面、50M 贴图的场景下其测试结果表明，它能够满足一般游戏场景需要。

2．网络对战功能

网络对战是提高游戏可玩度与游戏者参与度的重要途径。随着网络技术的不断发展，当今的游戏网络化、社区化已经成为一种趋势。虽然许多赛车类游戏也提供了网络对战功能，但在移动媒体上，因移动网络不稳定、高延迟以及移动媒体自身的不稳定性（例如游戏过程中接打电话），在移动媒体的网络游戏比 PC 或者游戏机的网络游戏会遇上更多的限制，这也是造成移动媒体上使用即时对战方式的赛车类游戏未获得成功的原因之一。在“东南座驾”广告游戏项目中，采用了非实时的挑战模式，由游戏者单独进行一次计时赛，赛后将比赛轨迹数据提交到后台服务器，其他游戏者再下载该数据重放进行挑战。这种非实时的方式既避免了移动网络延时造成的影响，又保证了网络挑战功能的顺利实现。

3．社交分享功能

社交分享是网络媒体传播的一个新途径。在广告游戏中，让游戏者能够分享自己的游戏体验，能够提高游戏者的成就感，也能够让广告游戏进行二次传播，提升广告受众的数量。“东南座驾”广告游戏将分享作为游戏的一部分，让游戏者在游戏取得一定的成就或者挑战成功后，通过游戏或者社交软件分享给其他人。

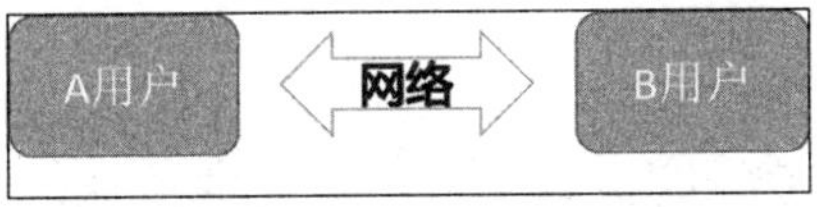

图3　网络实时对战模式

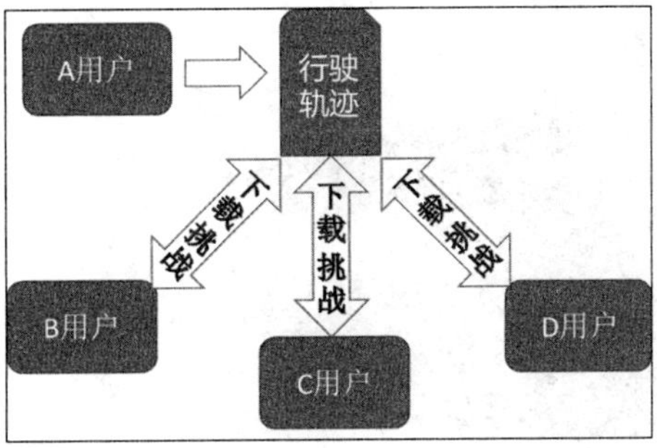

图4　网络非实时对战模式

（二）游戏控制方式创意

目前移动媒体上的赛车游戏控制方式主要有两大类，一种是使用模拟按键式，如图 5。这种方式因为按键式属于开关式的控制，对于转向控制来说，很难做到精确控制。另外一种是使用移动媒体的加速度感应器（Accelerometer Sensor）进行控制，如图 6。这种方式因为受到设备陀螺仪的灵敏度及反应速度的影响，并且在控制时，屏幕也会一同旋转，所以实际的操控感并不理想。

为了解决这两种控制方式的不足，“东南座驾”广告游戏创新了一种模拟控制方式，使用特殊的扇形控制器，通过判断触摸点在扇形控制器的位置，确定车辆的方向、油门及刹车状态，不但能够精准地控制车辆的方向及油门，还将复杂的赛车控制简化为只要一个手指就能轻松控制，如图 7。

图5　模拟按键控制的赛车游戏

图6　加速度感应器控制的赛车游戏

图7　扇形赛车控制器

四、创意表现技术实现

（一）游戏内容设计

游戏围绕广告“运动、挑战、分享”这一主题进行结构设计，以比赛、改装为两大主要功能，在不同赛道实现计时赛、挑战赛，赛后提供游戏内分享、微信分享，如图8。

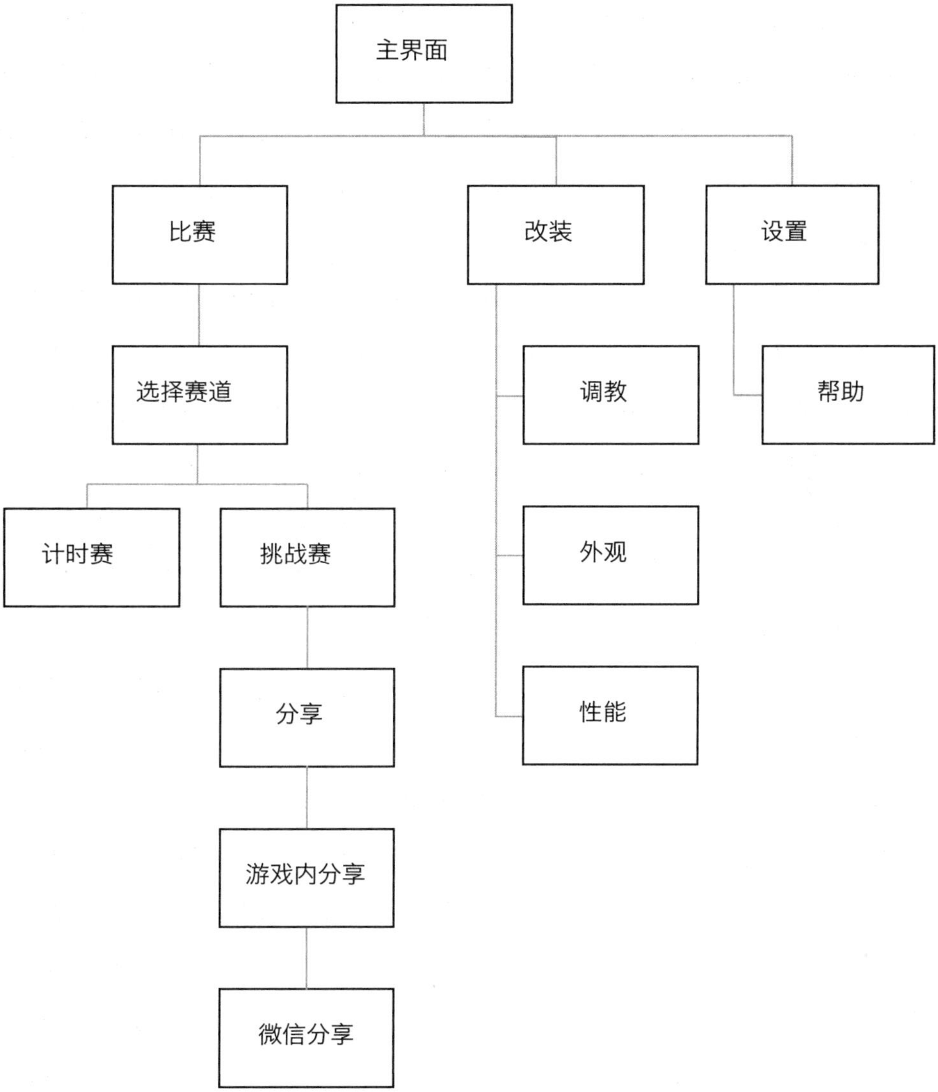

图8　游戏功能结构

（二）广告游戏结构设计

“东南座驾”广告游戏在前端移动媒体使用 Unity 进行游戏 3D 场景及游戏的界面、控制逻辑的制作。为了能够与腾讯的微信开发包对接，还使用 Android Java 原生应用方式作为外部调用。由于 Unity 无法进行 https 加密传输，且免费版无法使用 Socke 通讯编程，所以游戏前端与后端服务器间的通信使用了自行开发的基于 DES3 算法的 ECB 模式加密通信协议。后端游戏服务器架设在 Ubuntu14.04 服务器上，数据库采用了 MySql。由于游戏对战模式为非实时模式，不要求保持长期的 Socke 连接，所以后端服务采用了 Php 作为开发语言，并且使用了 Zend Framework2MVC 作为开发框架。

1. 游戏前端部分

游戏前端指安装到移动媒体，游戏者直接控制的部分。包含了游戏的 3D 模型、贴图、游戏控制、物理计算、音乐等功能。首先把游戏的场景、车辆、道具 3D 模型在 3DSMax 中完成建模，通过 FBX 格式导入 Unity 中。在 Unity 中，提供了方便的模型渲染组件以及 NVIDA 的 PhysX 物理引擎，使用 C# 语言对游戏物体进行控制，主要包含游戏核心控制器 GameCore、比赛及赛车控制器、音效与音乐控制器。在游戏中，还包含各种场景模型、灯光、碰撞检测等物体，在上述控制器的控制下，完成游戏过程。

2. 后台游戏服务器

游戏后台服务器是提供对整个游戏世界的数据管理、交换的核心部件，对其稳定性与安全性都有较高的要求，因此，游戏后台程序选用了 Php 作为开发语言，MySql 作为存储数据库，操作系统采用了安全性较高的 Ubuntu14.04 系统。

游戏后台服务器是对游戏前端的中控制枢纽与存储中心，前端游戏世界的内容、数据、存档，后台服务器都会有相应的抽象数据模型，因此，后台服务器的开发难度要比前端更复杂，难度更大。后台程序还包括一个提供游戏咨询发布、下载、更新的游戏专题网站。为了提高开发效率，确保后台程序的稳定，选择了 Zend Framework 2 MVC 作为游戏后台服务器的开发框架，使用 hybridauth Php 登录模块结合腾讯 OAuth2.0 配合前端实现用户鉴权登录。

五、广告游戏发布及运营

2015 年 4 月 22 日，“东南座驾”广告游戏在广西艺术学院美术馆测试发布。虽然只是测试发布，但是在为期三天的测试中，参与的游戏者已经达到了一定的数量，并收集到一些宝贵的数据进行分析。以下针对发布一周时间的游戏数据进行分析，其中 4 月 22 日至 24 日 3 天为游戏展出日期，无论展前还是展后，游戏都可以正常下载与运行。

（一）广告游戏用户行为数据分析

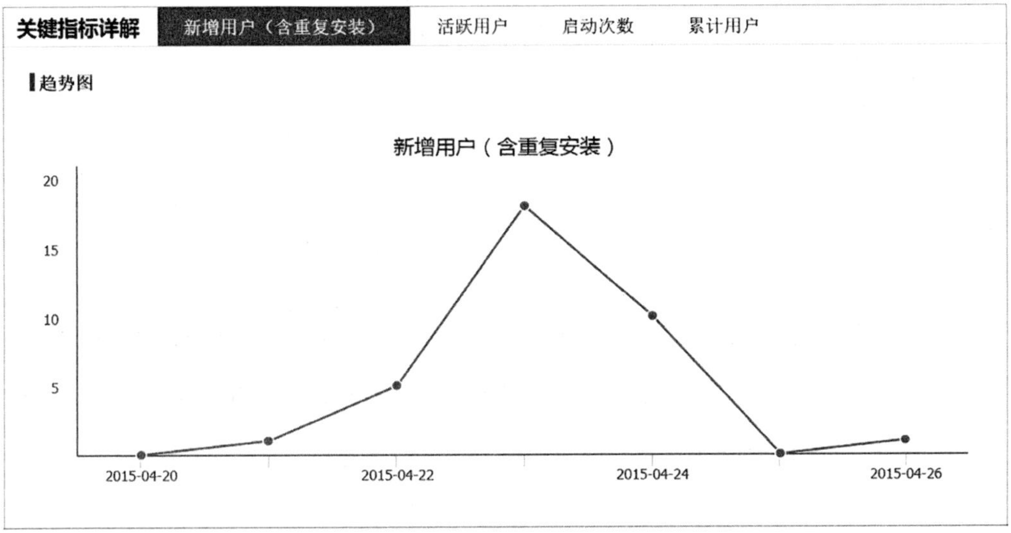

图9 新增用户曲线图

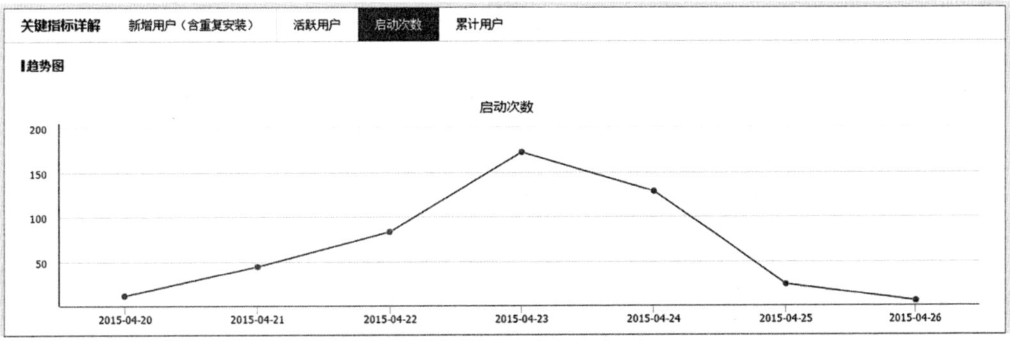

图10 启动次数曲线图

表 2　游戏发布周数据统计表详细数据

日期	新增用户（含重复安装）	活跃用户	启动次数	累计用户
2015-04-26	1	2	5	53
2015-04-25	0	6	24	53
2015-04-24	10	18	128	53
2015-04-23	18	20	172	44
2015-04-22	5	7	83	27
2015-04-21	1	4	44	24
2015-04-20	0	1	11	23
总计	35	58	467	53

以上图 9、图 10、表 2 反映出在“东南座驾”广告游戏发布一周时间里，累计新增游戏用户 35 人，其中 33 人在展出的三天里下载与安装游戏。一周内游戏被启动 467 次，大部分是在游戏展出活动期间启动的。

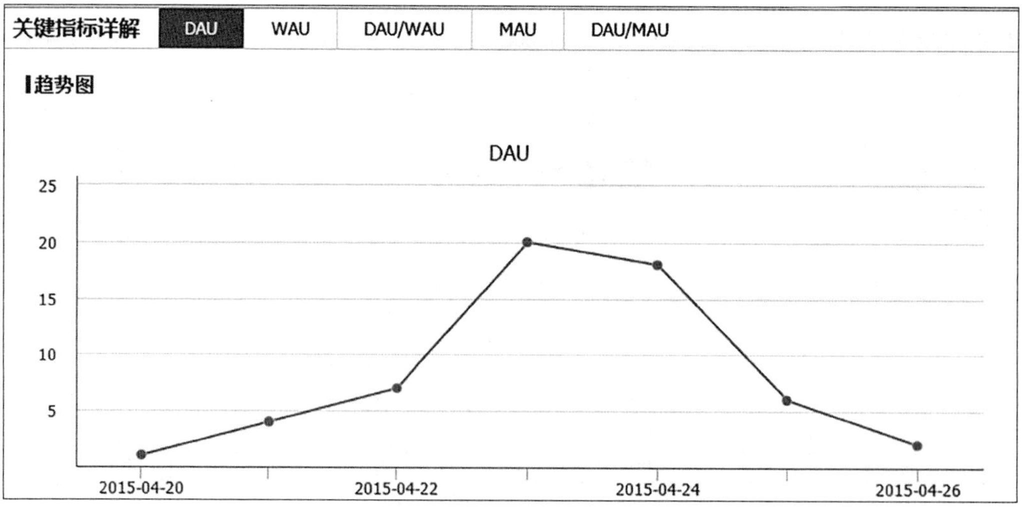

图11　游戏DAU曲线图

DAU(Daily Active User) 是指每日活跃的用户数量。主要用于反映网站、互联网应用或网络游戏的运营情况。“东南座驾”广告游戏的 DAU 曲线图与新增用户、启动次数曲线图基本一致，24 日 DAU 曲线图略高于其他数据，这是因为 24 日是游戏奖品争夺的最后期限。

以上图 9、图 10、图 11、表 2 数据来源于腾讯开放平台应用业务数据统计。该数据统计基于登录第三方软件的用户微信资料进行统计，第三方只能拿到统计结果，用户个人数据不会被泄露给第三方。

（单位：次数）

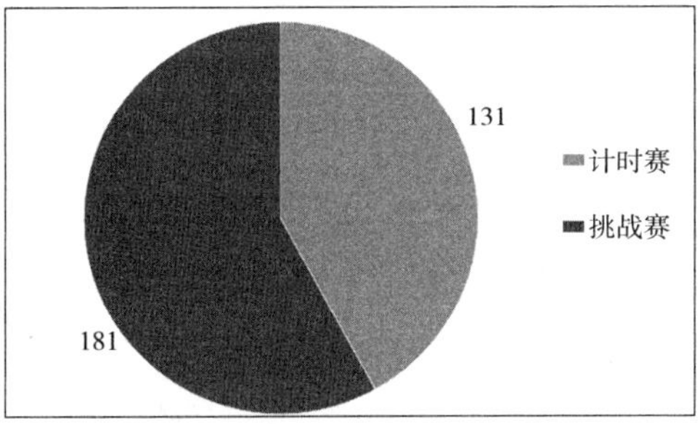

图12　游戏比赛次数饼图

（单位：次数）

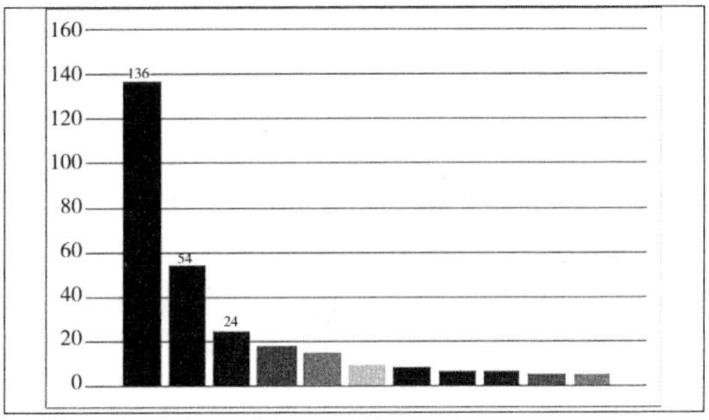

图13　参与比赛次数前10名游戏者透视图

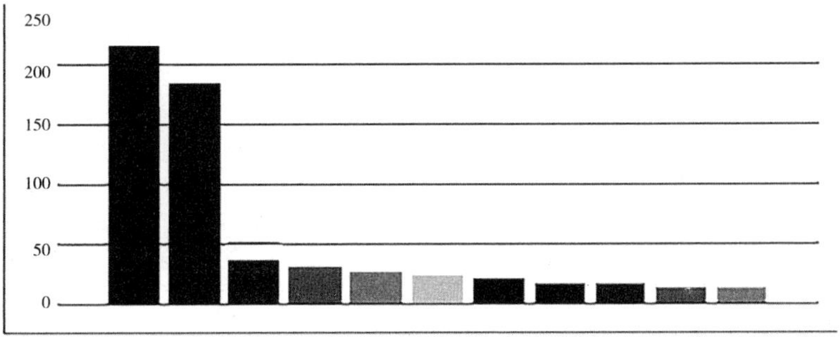

图14　前10名游戏者游戏时间透视图

图 12、图 13、图 14 分析的数据来源于游戏服务器数据库。根据这三个数据图分析情况，虽然游戏下载量并不算大，但是游戏者参与游戏的积极性高，个别游戏者在游戏举办活动的三天里，进行了上百次的游戏，投入了数小时的游戏时间。在 24 日游戏主题活动即将结束排名时，还出现了游戏者互相挑战争夺游戏积分的激烈场面。

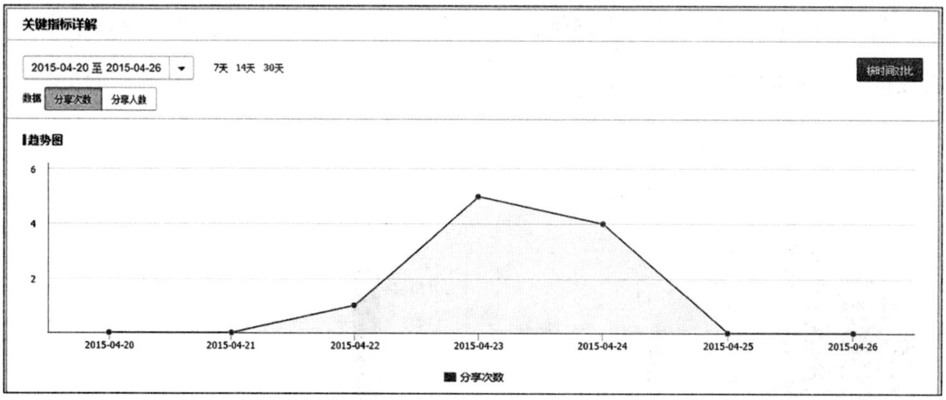

图15　微信分享次数曲线图

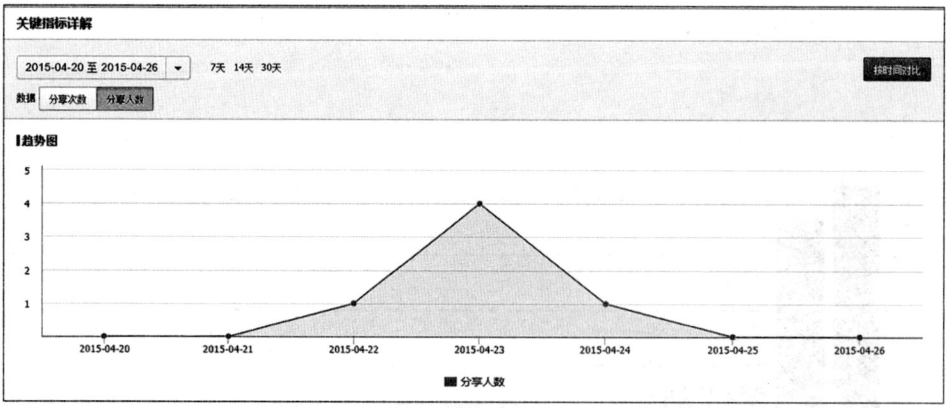

图16　微信分享人数曲线图

通过微信开放平台的应用分享数据曲线图图 15、图 16 可以看到，游戏展出期间，每日都有部分游戏参与者产生了分享行为，游戏产生了二次传播的效果。

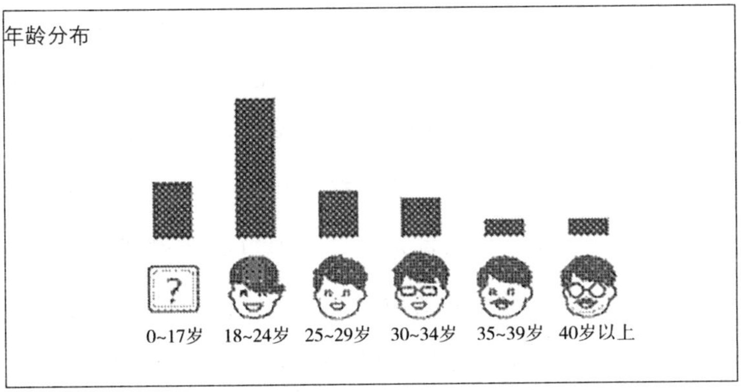

图17　游戏参与者年龄分布图

图 17 反映出参与游戏的受众主要以 18 至 30 的年轻人为主，符合品牌营销策略的目标消费群体的定位。

上述各项数据反映出东南汽车品牌移动媒体广告游戏“东南座驾”达到预期设计目标，运动、挑战、分享的游戏创意主题都已经具备。目前，游戏前端、后台服务器已经基本稳定，运行良好。可以访问网站 http://www.dnmycar.com:6280 或者扫描图 18 二维码访问游戏网站下载游戏 apk 安装包。

图18　“东南座驾”游戏下载二维码

六、研究结论

“东南汽车品牌移动媒体广告游戏”项目从 2014 年 5 月份开始，经过近一年的创意、设计、开发过程，目前已经基本实现预期功能。2015 年 3 月进行了第一次软件内部测试，约 50 台移动媒体设备参与了测试，收集了一定数量的测试反馈意见，普遍反映游戏在画面、操作上表现优异，经过进一步完善后，进行了测试，检验了广告游戏的各项功能，游戏前端、后台服务器各项运行指标良好，基本达到预期设计目的。针对本研究拟解决的三个问题，经过这次创意、设计及开发实践的过程，结合项目中的数据，提出一些初步的观点如下：

在“东南汽车品牌移动媒体广告游戏”项目设计、开发过程中，广告理论始终是设计和制作的“指挥棒”。从品牌特性的分析、广告核心概念“运动、挑战、分享”的确定，以及在游戏设计过程中都始终以广告理论作为指导。广告游戏的本质属性是一个广告，使用广告的评判标准来衡量广告游戏的好与坏，能够充分利用已有的广告学理论知识来提高广告游戏的创意与设计质量。好玩但是没能达到广告目的的广告游戏肯定不是好广告，也不是好的广告游戏。所以，在广告游戏的创意、设计、开发的整个过程中必须考虑其广告属性，用广告理论作为指导，充分利用游戏媒体的优势为广告服务。

在广告学系教学活动中，特别是针对互动广告设计专业方向学生的教学，可以根据当今新媒体技术发展的趋势，将经典的广告学理论知识灵活运用到广告游戏的设计与创作过程中。

数字媒体艺术随着技术的发展，从简单的数字照片、数字视频、数字音频发展到现在的交互、网络等多元化的媒体艺术，在不断丰富其表现形式的同时，技术难度、学习难度也在不断地降低，把最新的前沿技术引入课堂，能够让学生掌握新知识、新技术，能够更好地适应时代的发展。在“东南座驾”广告游戏设计开发过程中，通过对Android Java、JPCT-AE 引擎与 Unity 的对比可以发现，在过去必须要掌握复杂编程技术，熟悉显卡渲染指令才能制作出来的实时 3D 表现画面，如今只需要在软件上把建好的模型导入，进行简单的设置就能够完成，对于一些简单的展示类 3D 数字媒体艺术，甚至不需要进行任何的编程就可以完成。随着软件技术的不断发展，硬件性能的提升，交互式的数字媒体艺术设计与开发工作将会变得越来越容易，制作效率也会越来越高，这无疑会加快将创意实现的速度以及降低实现的难度。在互动广告教学活动中，根据行业的发展方向，将 Unity 或者其他优秀的交互设计与制作软件引入教学，不但能够提高学生的学习兴趣，也能够培养学生的实战技能。

广告游戏的设计与开发由于同时涉及广告、艺术、编程、网络技术等专业，跨度大、学习难度大，所以仅仅依靠单门课程是很难完成的。在“东南汽车品牌移动媒体广告游戏”项目中，由于是个人独立完成整个广告游戏的制作，需要经常在创意、3D 建模、平面设计、编程中频繁转换角色，对设计、开发的连续性会造成一定的影响。从专业分工上看，广告游戏按照传统的分工方式可分为广告、游戏创意，平面、UI 设计，3D 建模、贴图，前端程序，后台程序五个专业分工进行设计与开发。虽然在广告的创意、设计阶段，编程、网络技术的作用并不明显，但是，一个广告游戏创意脱离了编程、网络技术而凭空创造，可能只是无法实现的空想，如果不去了解技术，不去在技术上创新，就无法扩展创意的空间。

因此，编程、网络技术是广告游戏不可缺少的知识。在面向设计类学生开展教学时，由于学生缺乏基础知识和实践经验，编程、网络技术通常会成为教学的难点。可以尝试通过以下方案解决：一是与工科类相关专业进行合作。利用跨专业学生合作解决技术问题；二是开设相关的编程和网络技术基础课程。随着软件技术的发展，面向设计师的编程语言学习难度也在不断降低，学习并没有想象中的困难；三是纠正“我是文科生不适合学编程”这种被贴标签的思想。在现有教育体制下，许多学生被早早地贴上了“文科生”“理科生”的标签，并且因此产生一种认为自己不适合学某一门知识的非理性想法；四是从易到难，精心制订教学计划。编程技术难在入门，入门是关键，只有带领学生进入了新的知识世界，让学生产生兴趣，才能更有利于教学的开展；五是结合游戏开展教学。游戏是许多学生感兴趣的领域，充分利用这一兴趣的积极作用，引导和推动学生开展探索，让兴趣成为学习的动力。

七、研究不足之处

“东南汽车品牌移动媒体广告游戏”项目目前已经基本完成，达到了预期的目的。在项目的创意、设计、开发过程中，笔者学到了许多新的知识，也发现了许多不足。比如，在项目的理论研究上：一是对国外移动媒体广告游戏领域的研究不够。受限于个人外语能力和获取知识途径，对国外的研究状况了解还不够；二是研究方法单一。研究以“东南汽车品牌移动媒体广告游戏”项目为研究对象，主要采用个案研究法。一些观点和看法缺乏数据支撑，只是一个研究性质的作品，并不是一个真实的商业广告案例，还缺乏一定的说服力。

参考文献：

[1] 汤晓山，周景秋 . 广告创意教程 [M]. 南宁：广西美术出版社，2008.

[2] 特劳特，阿尔 · 里斯 (Al Ries). 定位 [M]. 谢伟山，苑爱冬，译 . 北京：机械工业出版社，2011.

[3] 吴亚峰 .Android 3D 游戏开发技术宝典 :OpenGL ES 2.0 [M]. 北京：人民邮电出版社，2013.

[4] Richard S. Wright, Jr. Nicholas Haemel, Graham Sellers, Benjamin Lipchak .OpenGL 超级宝典 (第 5 版) [M]. 北京：人民邮电出版社，2012.

[5] 胡云鹤 . 国外移动应用程序广告发展模式及其启示 [D]. 武汉：华中农业大学文法学院，2013.

[6] Jari Salo. Heikki Karjaluoto,Mobile Games as An Advertising Medium: Towards a New Research Agenda [D] . University of Oulu, Finland. 2007.

[7] Julia Friman. Consumer Attitudes Toward Mobile Advertising [D] .Department of Marketing and Management Aalto University School of Economics.

[8] 优美缔软件 (上海) 有限公司 . Unity4.X 从入门到精通 [M]. 北京：中国铁道出版社，2013.

广告图形创意课程“产品生命周期”教学方法研究

翟　灿

摘要：广告图形创意课程是广告设计专业的重要课程，其对于开发学生创造性思维和用图形说话的能力非常重要，在教学中引入“产品生命周期”的方法，根据导入期、成长期、成熟期和衰退期，对学生各个阶段的学习特点进行把握，用不同的培育手法进行引导，将能够帮助学生保持广告图形创意源源不绝的生命力。

关键词：广告图形创意课程　教学　产品生命周期

一、图形创意与广告图形创意的关系

图形，英文“graphic”，指由绘画、书写、篆刻、拓印等手段产生的图画记号，具有说明信息的功能，可以通过各种方式大量印制，是传播信息的视觉形式。对于广告信息传播来说，因为图形在传递信息时具有直接有力、生动有趣、易识别和记忆、可以跨越语言障碍等特点，所以要比单纯烦琐的文字传播形象更生动，因此，图形传播也成为广告信息传播的主要方式之一。在广告图形创意课程中，我们要研究如何以创意思维为主导，用独特新颖的图形表现形式，加上清晰易理解的中心思想，引发受众关注，从而使之对广告信息产生准确而深刻的理解和记忆。

但是图形创意也不单纯等同于广告图形创意，顾名思义，广告图形创意是要为广告服务的，广告是由广告主付费，通过大众传播媒介传播广告信息，对消费者进行劝服的活动，因此在教学过程中，要将传播的商品、服务、企业形象等信息作为图形创意的主体，不能脱离、违背主体形象而进行单纯的艺术创作。

传统的图形创意课程着重于对常见的、具象的物体的变形训练，而广告图形创意课程相对提升了难度，既有对日常商品的变形创意，也有诸如企业形象和服务口号等抽象概念的理解，同时，还要有为广告商品进行信息传播的创意限制。因此，为了更具有实战意义，课堂教学中还引入了专业的学生广告艺术比赛项目，使学生能有规划、有目的地检视自己广告图形创意的能力，并能在某一品牌的历年获奖作品中得到纵向和横向的比较，特别是在思维方式和思考角度的研究上获益。

二、广告图形创意课程“产品生命周期”的教学实践

“产品生命周期”是市场营销的一个概念，包括导入期、成长期、成熟期和衰退期，广告图形创意课程中创意的过程何尝不是一件“思想产品”的产生过程，因此，将这一概念引入广告图形创意课程教学中，能够帮助教师把握学生各个阶段的表现，及时进行鼓励和引导，最终帮助学生形成独立创新的思维方式。

（一）导入阶段——学会观察，通过丰富联想引发学生兴趣

在这一阶段，学生如同懵懂的孩童，需要在其面前展示广告图形创意的趣味性，从而激发其学习的兴趣。优秀的广告创意往往来源于身边，这样才能引发受众的共鸣，学生也往往苦于无法寻找到创意的源泉，因此在刚开始，通过鼓励和引导学生拿起手中带拍照功能的手机、照相机，从身边的环境中找寻能产生联想的物体、场景，然后在课堂上分享，让他们在“像、真像”的“啧啧”声中发现了观察的乐趣。还有同学用一副简单的眼镜，通过不同的场景配合，产生出不一样的效果和联想，有沉思的、有忙碌的、有帅气的，等等，别出心裁，主题突出，让人赞赏。在此基础上继续告诉学生创意无处

不在，关键在于发现并进行联想训练。

（二）成长阶段——找准关键，提升学生图形创意技能

这个阶段就如同人类的少年阶段，在教师的引导下，学生开始学习观察和思考的技能，要使图形对受众产生视觉冲击，产生“意料之外，情理之中”的效果，图形的变化必不可少，但是要在“情理之中”，那具象的物体就必须具有最基本的能够辨识的特征，一切的变形也是在掌握了物体基本的特征后的创意想象，这也是广告图形创意课程需要把握的一个重点。教师应从日常物品中指导学生观察和提炼物品最基本的特征，并在此阶段引入图形创意的各种方法，如正负形、形与影、同构、替换、文字变形等。

经过具象的观察训练后，教师可以从广告比赛选题中选择比较抽象的概念，帮助学生分析策略单，提炼关键词，进行思维导图等思维发散训练，从而将抽象的概念变成图形，尝试用图形来说话，这种方式还能避免学生直接从网络上抄袭作业。至此，学生基本掌握了广告图形创意的方式方法。

（三）成熟阶段——注重内涵，突显学生的个性思考

技能是谁都能掌握的，但是对于文化内涵的思考却决定了广告图形创意作品是否优秀，教师也应该引导学生把自己的广告图形创意作品纳入文化的范畴来思考。如给学生布置作业，选择一部中篇小说的名著，在阅读后作出读书笔记，让学生口头叙述小说的主要内容并提炼关键词。在此基础上，尝试用图形简练、富有视觉冲击力且内涵深刻的图形创意表现出小说的主要内容。经过教师和学生对创意草图的提炼和完善，最后的成稿能看到学生做了一场深刻的思考之旅。

（四）衰退阶段——放松大脑，享受创意思维的乐趣

进入这一阶段，学生经过不断的练习，已经出现疲态，而且思考容易模式化，但并不意味着思考的终结，而是一个瓶颈期。这时候可以欣赏优秀广告作品、历届专业学生广告比赛的获奖作品，分析讨论它们的优点和不足，重点是引导学生讨论这些图形创意

思维的方法和角度，同时也将学生彼此间的作品拿出来共享，在轻松互动的氛围中鼓励学生进行再创作，贵在坚持，最后定稿的时候教师进行总结，这样学生会从自己的进步中获得更多的自信。

三、结语

广告图形创意课程是广告设计教学中的重要一环，无论是对学生的创造性思维，还是用图形说话能力的培养，都能起到承上启下的作用。将广告图形创意看成“思想产品”的制造过程，通过“产品生命周期”在不同的阶段采用不同的培育手法，逐步递进，并在教学实践过程中关注每位学生的特点，因材施教，将帮助学生保持广告图形创意思维源源不绝的生命力，取得较好的教学效果。如在2011年由教育部高教司主办的全国大学生广告艺术大赛中，我院学生获全国赛区平面类一等奖2项、二等奖2项、三等奖8项；在2012年全国大学生广告艺术大赛青奥会选题吉祥物及招贴设计中，我院获得了三个一等奖。当然，广告图形创意课程永远充满挑战、充满创造力，有待教师们的继续探索，特别是引导学生对本民族图形符号的创意表现以及文化内涵进行的审美思考，将有助于形成既具有民族特色，又能兼具时代性的个性化广告图形创意潮流。

参考文献：

[1] 林家阳. 图形创意 [M]. 哈尔滨：黑龙江美术出版社，2002.

[2] 林家阳. 设计创新与教育 [M]. 北京：生活·读书·新知三联书店，2002.

广告类专业“素描与速写”课程教学模式探究

张佳明

摘要：“素描与速写”作为设计类专业的基础课程具有重要的意义。本文针对广告学相关专业零基础或弱基础的特点，在讲授“素描与速写”课程时提出了自己的观点，以及在课程教学中改革中应该注意的观念变革、教学模式变革等。如何在既定的课时内完成教学任务，达到预期的教学目标，并且在传统基础课程讲述上更新方法，达到更好的效果。

关键词：广告专业　素描与速写　教学模式

随着中国经济发展，广告类产业如雨后春笋般迅速发展起来，广告类专业也从以前的仅有几家大学开设到了现在的上千家学校开办，“素描与速写”课程也面临着全新的挑战。笔者通过教学实践认为，“素描与速写”课程不仅要有严谨的教学方法、标准的作画流程，更加需要方法创意、思维创新。通过“素描与速写”基础课程加强学生良好的作画习惯、审美能力以及创新思维，显得更为重要。

一、“素描与速写”课程教学观念创新

“素描与速写”课程是广告设计类重要的专业基础课，对学生往后的学习发展有重要

的作用，具体表现为：首先，由于国家政策改革，广告类专业考试招收文化类考生，此类考生绘画基础薄弱，有个别学生甚至零基础。针对这类学生，基础绘画课就显得尤为重要；其次，“素描与速写”作为大一新生的首门课程，对大一新生从高中到大学，学习方法、思维模式的转变有着重要的意义；再次，通过笔者观察广告类专业学生在之后的参赛和作业中，经常会出现画面表现力较弱、画面美感缺失等现象。出现这种问题的原因很大程度上在于学生审美能力弱，通过基础绘画可以很好地培养学生审美能力，为后续的广告设计做准备。

传统的“素描与速写”教学，主要是以单方面授课的方式，即点对面的授课方式，教师讲解、范画，学生临摹观察的教学模式。而随着时代的发展科技的进步，学生思维方式的转变，授课模式应该随着时代的发展进行变革。教师的身份发生了转变，不再是以前的“教师本位”，而转变为“学生本位”，教学以培养人为主，通过教育将学生培养成“完整的人”。教育本质上是一种教育观，一种教育理念，在实践操作中涉及对人才培养模式的探究。“素描与速写”课程应该以培养学生观念为主，在讲授方法的同时，向学生灌输绘画理念，让学生爱上绘画，从而提升学生的审美能力。

二、教学过程中“任务驱动法”运用

任务驱动法是指在学习过程中，学生在教师的帮助下，紧紧围绕一个共同的任务活动中心，在强烈的问题驱动下通过对学习资源的积极主动的运用，进行自主探索和互动协作的学习，并在完成既定任务的同时，引导学生进行一种学习实践活动。任务驱动的教与学的方式，能为学生提供体验实践的情境和感悟问题的情境。围绕任务展开学习，以任务的完成结果检验和总结学习过程等，改变学生的学习状态，使学生主动建构探究、实践、思考、运用、解决、高智慧的学习体系。在这种以任务为主的方法中，教师起到主导作用，学生起了主体作用。学生的天职是学习，而学习是为了改造客观世界，解决现实问题，任务驱动法正是以解决问题为目的，挖掘学生潜力、激发学生兴趣，从而解决问题。

“任务驱动法”在“素描与速写”课程中使用的基本方式有以下几种：

第一，建设相关情境。在教学过程中先建立学生和现实情境的关联，例如在素描绘画中可以从学生绘画任务中建立学生和绘画对象的联系。讲解相关绘画对象的背景，如大卫的作者是如何制作大卫这件伟大的作品，以及大卫的角色象征和在文艺复兴时期的意义，激发学生的认知，从而建立学生和主题之间的关联性以及相应的情境，引导学生带着相关的“任务”进入学习情境，使学习更加直接和形象化。

第二，确定任务。在情境已经建立的条件下，选择与当前学习主题密切相关的事件或者问题作为学习的中心内容，让学生面临一个需要立即解决的问题。例如，在教授明暗绘画时，当学生已经掌握了基本的透视关系和造型特点后，可以让学生通过观察的方法尝试绘制光影明暗，提出光影明暗是如何形成的迫切任务。当学生通过一段时间的构图练习、结构练习后，会非常迫切地想进入明暗素描的阶段，甚至有的学生已经在教师没有提出明暗素描要求时自主进行尝试。所以，此时提出问题，会使学生更加主动、更加迫切地激活原有经验，来解决相关问题，而通过问题的解决来构建知识，正是探索性学习的主要特征。

第三，自主学习、协作学习。在教学过程中不是由教师直接告诉学生应该如何去解决问题，而是由教师向学生提供解决该问题的有关线索和需要搜获的资料，从何处可以获取有关信息资料等，强调发展学生的“自主学习能力”。同时，强调学生协作学习，取长补短，在一定程度上同龄人的交流可能效果会更好。例如，在“素描与速写”教学过程中，教师可以先讲述一些有关艺术大师的作品以及生平经历，将学生带入情境。之后由学生分组进行资料收集并在全班进行讲解展示，学生分组进行资料搜索后，再让一些学生上台讲解等，经过锻炼，可以增加同学之间配合和默契度，而且可以让学生更好地进行自主学习。而自主学习的效果往往要胜过灌输式教育，主动学习会调动学生积极性，主动搜寻的知识更容易记牢，因为学生在上台讲述的时候，在对所收集的知识进行“内化”，在对知识进行熟练掌握后才能更好地进行分享和讲述。所以，自主学习、协作学习对学生团结协作和掌握知识有一定的优势。

第四，效果评价。对学习效果评价主要包括两方面，一是对学生是否完成当前问题、解决方案过程和结果的评价，即所学知识的意义构建评价。二是对学生自主学习能力及协作能力的评价。在评价中要做到公平合理，合理正确的评价能增强学生信心，激发学生潜能。而不合理的评价可能会让学生丧失信心，起到反向作用。笔者认为教师在评价时要从爱与信任的出发点进行评价，面对学习积极性差的学生，应该更加关心他们，多发现他们的优点，每一个学生身上都会有闪光点，而教师需要发现这些闪光点并使其放大。

三、提高学生自主学习的兴趣

素描不仅是一种艺术表现形式，更是一种思维方式，真正要学好素描、速写并能运用到今后的专业中是比较难的。在传统素描、速写教学中，学生往往会对枯燥的专业技能课兴趣寥寥，所以，在授课的过程中怎样激发学生对这门课程的兴趣，怎样有效地让学生自主学习，都是值得我们思考的问题。

（一）从实际出发，明确学习本专业课程的重要性及专业前景

对于现在的大学来说，就业问题是每一个学生都会关心的，一门课程如果完全脱离时效性，也就脱离了学生关注的范围。当下，各个专业就业形势都不乐观，这也是导致学生对于某些课程不重视的重要原因，如果学生认为自己学这门课并不能为将来的工作带来帮助，自然不会认真学习。怎么才能让学生重视这门课程，从根本上提升他们对这门课程的兴趣呢？这需要教师通过教学实际，结合本专业前景，对学生在这门课程的认知上下功夫。

首先，在本课程一开始的介绍里，教师就要主动把本课程与各种社会现实问题结合起来，以及其对本专业的影响，作为基础课甚至还可以谈到它对各类设计专业的影响及实效性。让学生充分认识到学好“素描与速写”对将来工作的作用，让学生体会到这门课程并不是一门单纯的技能操作课，更是今后各项设计工作能够顺利完成的保障，以增强学生的紧迫感。其次，作为起导向性作用的教师，要避免在课堂上提到本专业的负面问题，要多提及一些积极的专业趣事以及关联到将来实际工作的优秀案例，增强学生对这门课程的亲切感与认同感，让学生自发地意识到这门课程的重要性以及增强学生对这门课程的关注点、兴趣点，从而为今后教学工作的展开铺平道路。

（二）“学”“练”“看”结合

在以往的“素描与速写”课程的教学中，学生经常会出现绘画的瓶颈期或高原期，即会在一个水平上保持很长时间而难以突破。教师常常会让学生大量地练习，通过量变来突破瓶颈，以达到质变的效果。在这个时候学生往往会出现厌学、放弃、逆反等现象，大量枯燥重复的练习，会使学生对这门课程的兴趣逐渐消失。笔者通过教学实践的观察发现，当学生出现高原期的时候，让学生观看自己绘画过程的录像回放，能够让他们自己发现问题并解决问题，是一种让学习变成一种学习、练习操作、回顾反思的螺旋形前进方式。就像照镜子一样，我们会从镜子反射的影像里把自己调整到最佳状态。通过对学生绘画录像的回放，学生可以很容易地发现自己错误动作、不良方法等并自发地加以更正，教师也可以通过视频停顿等手段和方式讲解，让学生更快地理解。

激发学生主动寻找问题、解决问题的教学模式，可以让学生对知识理解得更透彻、对技能掌握得更扎实，这是我们在教学过程中重点思考的问题。通过“学”“连”“看”，让学生在学习“素描与速写”的道路上更加自主化。在教学实践中笔者也发现，学生在观看绘画录像回放的时候注意力高度集中，情绪也很高昂，在这样的氛围中，教学的质量也大大提高了，使教学更加有效率，达到自主学习的效果。

四、总结

“素描与速写”作为广告类专业的基础课有着重要的意义。作为任课教师在教学中要不断地创新，根据学生反馈，及时调整教学模式，激发学生兴趣。针对素描速写技法类的课程，应该在教学中随时代的发展和用人的需要调整授课理念，并创新授课方式。但是在运用时不应照搬原有的模式，每一门课程都有自身的特色，要根据课程特点尝试新的授课方式，并且在实施中根据学生反映及时进行调整。教学的目的是“育人”，所以，任课教师在授课时不仅仅应该贴合以人为本的理念，还应走在问题的前面，这样才能迎时代而进，培养出“完整”的人才。

网页叙事方法在设计中的运用

褚忠良

摘要：如今，网络购物已经成为人们日常生活消费的重要方式，网络媒介也以第四大媒介的身份进入人们的视野。信息的传播方式也逐渐从纸质媒介向新兴电子网络媒介转换，设计作品也从传统平面纸质呈现向电子屏幕呈现方式转换，消费者对电子购物网站的页面视觉呈现和用户体验等方面有了新的要求。本文通过分别介绍叙事学、网页叙事和淘品牌基本概念和叙事理论基础，以理论为基础，叙述网页叙事的特点及规律，根据其规律和特点，提出了网络环境下的叙事方式以及网页叙事对设计的指导意义。

关键词：网页叙事　网页设计　淘品牌　视觉传达　信息传播

一、绪论

随着人类社会的不断进步和发展，我们生活中的叙事活动形式也变得非常丰富。罗兰·巴特在《叙事作品结构导论》中提到“叙事遍布于神话、传说、寓言、民间故事、小说、史诗、历史、悲剧、正剧、喜剧、哑剧、绘画、电影、连环画、社会杂闻、会话等。而且，以这些品类繁多的形式出现的叙事，存在于所有时代的任何地方。有了人类历史本身，就有了叙事。”[①] 这说明叙事活动在人类存在的时候就已经存在，它帮助人类将信息组织起来并进行传播，在这个过程中形成自我和对外的交流，从而构建起自我意识和认识世界。网络是当今社会的一种新型传播媒介，网络的传播主要是由网络代码语言和网页视觉呈现构成，对网页设计进行叙事学分析，并以网页叙事方式进行传播，具有创新意义。

（一）研究背景

一个新的事物诞生后，跟随它一起到来的必定是它特有的文化。尼古拉斯·尼葛洛庞帝在《数字化生存》一书中这样写道："疆界的消失、地球村的狭小与人群各异的审美价值、审美趋向和审美方式之间存在着一道无法逾越的鸿沟。而人们又不得不面临新传媒的技术革命，把世界结合成了一个巨大的联合体这一事实，世界出现了一种前所未有的兼容并蓄的新格局。民族国家的许多价值观念将让位于网络中的大大小小的社区价值观。”[②]

互联网时代的到来，正在不断地改变着我们的生活方式，我国网络普及率和网民数正在不断攀升。随着计算机技术和网络传播技术的不断创新，信息的传播将面临一次重大的变革，静态的传统纸质传播媒介正在逐步向动态的电子网络媒介转换。B2C 网络购物平台给我们带来的是购物的便捷和选择的多样性，足不出户就可浏览全球各个品牌。

11 月 11 日是年轻人调侃的“光棍节”。某购物商城将 11 月 11 日的“光棍节”概念打造成一年一度的全国性的网络购物狂欢节，以一种节日形式的营销方式将一个普通的日子做成一种网络购物符号。在网络技术的不断革新下，必然会诞生出一种新型的群体文化，在这种新型文化中必然有一种叫作网络视觉的文化，随着网络文化的发展必然会有一种特定的人群，他们有特定的称呼和特定的语言，他们也过着自己特有的网络节日。2013 年 11 月 11 日零时，阿里巴巴集团公布的数据显示：天猫、淘宝“网购狂欢

---

① ［法］罗兰·巴特：《叙事作品结构导论》，第 2 页，北京：中国社会科学出版社，1989年。

② ［美］尼古拉斯·尼葛洛庞帝：《数字化生存》，第181页，海口：海南出版社，1997年。

节”开场，55 秒后，活动通过支付宝交易额便突破 1 亿元；6 分 7 秒，交易额突破 10 亿元，超过香港 9 月份日均社会零售总额；24 时，交易额达到 350.19 亿。网络购物市场经济发展必将逐步成为消费品市场的一个主流。在这样一个网络时代和市场环境中，为顺应市场的变化和发展，如何将产品向消费者叙述清楚，网络店铺页面设计或者是用网页叙事方法指导设计，已经成为设计师未来研究的一个主要方向。

（二）网络店铺发展现状

网络店铺与传统店铺相比就是线下实体店铺和线上网页陈列商品的问题。线下实体购物，消费者可以看到和亲身体验到商品，网络店铺则需要 360° 全方位、高清晰的图片，并搭配简单明了的文字说明来提高产品的真实性，这需要通过网页叙事方法用图片、文字、色彩等要素对网页进行指导设计，一个文字表述清晰、视觉美观大方的网页设计往往可以在虚拟的世界里提高网络店铺的可信度，增加消费者对网络品牌的黏性。很多商家往往对这一点并不是很重视，网页存在信息杂乱、表述不清、缺乏真实性等问题。

（三）研究目的和意义

网页叙事是为了使店铺页面设计美观大方、信息准确传递、令人产生联想，促使消费者延长在店铺页面停留的时间和提高访问深度，最后下单购买，提升店铺转换率。因而，影响这一目的实现的几个重要因素有：首先，建立店铺整体品牌形象；其次，告诉消费者我是卖什么的；最后，是客服人员的服务态度和文字叙述表达能力。

网络店铺页面设计的意义在于建立消费者对店铺的信任度和产生品牌粘性，使“淘品牌”在网络上得到有效传播。

二、网页叙事的基本概念和理论基础

（一）叙事学基本概念

叙事学理论发源于西方，以形式主义批判而闻名于世。近年来，随着全球化浪潮的推进，它已逐渐成为充满活力且风行各地的学术思潮之一。“叙事”一词最早是在柏拉图的《理想国》中出现，其中提出了对叙事进行的模仿（mimesis）/叙事（diegesis）的著名二分说。“叙事学”最早由结构主义文学理论家托多罗夫提出，他在1969年发表的《〈十日谈〉语法》中这样写道：“这部著作属于一门尚未存在的科学，我们暂且将这门科学取名为叙事学，即关于叙事作品的科学。”如果说叙事学是一门研究叙事作品的科学，这样的说法是不具说服力的。因为叙事学的研究对象在某种程度上是很难轻易划分界限的。在对叙事学的定义上，许多学者都有不同的解释，但是都有其共性，那就是在对叙事学进行研究时除了不同的研究对象外，都对文本的叙述结构极为重视。也就是说，叙事学就是对叙事文本的理论做技术分析。

（二）网页叙事基本概念

1．网页叙事特征

网页叙事有以下几点特征：一是叙事文本通过网络语言代码为语言基础达到文本叙述；二是可以通过单击对象做到时间的线性发展或时间的非线性发展，产生时空转换；三是网络叙事文本是通过互联网传播，打破了地域的限制；四是针对叙述目标受众精准定位有针对性的传播信息等。

2．网页叙事定义

网络叙事是指在网络上通过多媒体符号，对两个以上逻辑上相关联的、先后发生的、贯穿了某一主题的事件进行叙事性结构的过程。网络叙事的符号体系包括文字、图片、视频以及音频。[①]超文本理论家兰道则认为“叙事在网络时代将变成某种完全不同于口传时代、书写时代和印刷时代的东西，冲击自亚里士多德以来流行的情节和故事观念，包括固定顺序、明确首尾、一定长度、完整严密等”[②]。在网页叙事方面，还没有专家学者给出准确的概念。

① 百度百科 http://baike.baidu.com.

② 黄鸣奋：《当代西方数码叙事学的发展》，《文艺理论研究》，2011年第5期。

通过网页叙事的特点，再结合网络叙事的定义，我们可以将网页叙事定义为：以互联网为基础，在 Wbe 服务器上以网页为平台，在页面上利用文字、图片、色彩、符号等文本，进行时间和空间等结构的设计编排增加网页的可读性，利用电脑、手机或其他移动媒介来进行传播。简单地说，就是以网络网页为载体，利用叙事文本元素给观者讲述一个或多个故事。

3．网页叙事构成要素

网页叙事主要由文字、色彩、图片这三个基本元素构成，针对网络店铺而言还会有 banner 条、导航、标志、产品图像、标题、信息栏、超链接、页脚等要素。对于网络叙事来说，文本内容的有效传达是通过对各构成要素进行视觉设计、编排来实现的。在网络店铺中，信息传达的主要手段还是图片和文字，通过图片来传递，运用文字编排进行辅助。

三、网页叙事的特点及规律

1994 年 4 月我国开始接入互联网，随着经济和科学技术的不断发展，互联网覆盖了全国各地。根据中国互联网络信息中心（CNNIC）发布的 2013 年报告显示，截至 2013 年 6 月底，我国网民规模达 5.91 亿，半年共计新增网民 2656 万人。互联网普及率为 44.1%，相比 2012 年提升了两个百分点[①]。

我国互联网发展经过短短数年，展现出了强大的成长速度，网络购物时代的到来使得网页设计又迎来了蓬勃发展的高潮期。随着网络的发展，网页设计的发展也开始从单纯的专业技术向着综合技能方向发展，网页叙事方法既是顺应市场，也是一个新的设计领域崭新的开始。

（一）网络环境下的叙述方式

网络环境下的叙事同样是在具体时空中的具体现象，与其他叙事一样，都会有具体

① 中国互联网络信息中心：http://www.cnnic.net.cn/ 2013.

的时间和具体的空间。时间和空间更是相辅相成、不可分割的整体，网络环境下的叙事方式与其他学科的研究一样，它需要有时间的维度，也要有空间的维度，以及整个事件发展的顺序。

1．时间叙事方式

我们在描述时间的时候都会用“过去—现在—将来”来形容，这说明时间是具有线性发展性质的。在网络环境下的叙事“时间”也彰显了它的独特性。

（1）网络环境下的叙事时间表现。从叙事的角度来看待“时间”，通常包括讲述时间与被讲述时间。在网络环境下的叙事，时间作为其中的一个叙事方式有着自己新的叙述方式，在网页叙事中营造时间感。把所要叙述的各个要素进行编排和整理，达到时间上的分隔，从而产生纵深的时间发展方向。这样可以有效地使受众感受历史与现实的纵深，或者拉近受众的距离感，从而增加了网页叙事的传播效率。只要是一个动态的行为，就会产生时间。基于此，网络叙事的本身就是一个时间性的行为。

（2）网络环境下的叙事时间交互。在网络媒介还没有出现之前，叙事方式的线性性质从未改变。历时性的叙事方法虽然丰富，但是叙事结构却是单向性的静态表现。而在网络环境下，网页的交互性改变了这一静态的叙事方式，它可以是动态的、非线性的叙事方式，也就是时间的交互。

2. 空间叙事方式

在叙事学研究当中，每一件叙事作品都会存在时间和空间。在网络环境下以空间叙事方法运用视觉艺术表现手段和语言结构方式也是常用的手法。当然，在网络环境下的视觉艺术中，这样的表现手法一样存在。例如，点、线、面的平面空间；二级页面生成的层次空间；色彩冷暖对比的色彩空间等。

（1）空间的重合。空间重合是网络环境下的视觉艺术在空间叙事中的表现。网络媒介的远程操作特性能够使不同时空之间同时产生联系，使不同空间距离缩短，在同一空间展现，我们可以把这一特性称之为时空的重合。以此形成有异于常规空间认识的形式结构。

（2）空间的交互。网络界面的一大特点就是与人的互动性，叙事文本通过网络界面呈现，网络界面交互的互动性主要是叙述者和受众之间的互动。视觉图像的互动性都是在一定的时空条件下进行的，互动性既包括空间上的组合关系，又包括时间上的聚合关系，在网络界面的载体中，视觉图像的时间和空间是统一的。视觉图像以有限的、封闭的形式显现出无限、开放的世界，视觉图像的结构是传达无限性、开放性的有效手段，时间和空间不断地消解着视觉图像的结构和符号，将视觉图像的无限性和开放性不断地延伸下去。网络视觉图像的超时空不仅取决于其无时不在、无所不至的超链接，而且得益于打破时空的交互性。

（3）空间的色彩。利用色彩营造空间主要是在冷暖、明暗、纯度等方面。运用色彩的特性在网络界面中呈现远近、虚实关系。色彩空间的形成，是利用色彩明暗的对比层次产生的，利用形与色的排列转折、大小、弯曲、借助形的秩序节奏，有意识地造成凹凸深远的空间纵深，甚至可以利用人的视错觉，造成视幻的矛盾空间、假象空间。[①] 因此，网络环境下的空间叙事可以借鉴传统视觉设计的表现方式来进行。

（二）网页叙事特点和规律对设计的意义

1．网页叙事对设计的指导意义

本文通过在网络环境下的网页叙事特点和规律的传达，以时间和空间的转换及其网页叙事实践，使消费者在浏览页面时分别产生不同文本的意义，形成互动和提升消费者选择和期待，最后跨越文本之间的界限消除身份差异，这样才能让消费者更好地感受和理解网页叙事的时空转换特性，为网页设计提供更具时效性的理论基础。

2．网页叙事弥补网络营销的不足

首先，消费者无法直接接触商品，只能通过网页了解商品具体信息。利用网页叙事特点和规律进行有针对性的设计：在时间上，叙事文本通过线性和非线性发展，对产品信息进行叙述；在空间上，运用重叠、交互、色彩等加深网页叙事联想，使得消费者更清晰地了解商品，产生购买欲望。

① 苏娜、张凯:《炫数码·色构网页》，第102页，北京:中国宇航出版社，2005年。

其次，在网络销售平台中商家云集，利用网页叙述特点和规律能够打造具有鲜明特色的店铺页面和“淘品牌”文化，使得消费者对该品牌产生高度的粘性，形成品牌认同。

在网页叙事特点和规律指导下的网页设计，能让消费者准确、快速地了解产品信息并产生购买欲，在网页界面停留时间延长，访问深度增加。

四、网页叙事的应用方法

网页叙事方法将时间纵向与空间的横向叙事相结合，构成网页叙事的设计结构，让网页叙事的线性与非线性发展交互产生作用，能够在瞬间传递可读信息的同时，让消费者读懂并收到商家想要传递的信息，达到语意延伸。通过纲要叙述与多板块、多场景展现的方式，以及整体叙事与多画面展示，加深消费者对品牌和产品的认知，引导消费者展开深层次的浏览。针对媒介转换的特点，通过改变色彩模式、作品尺寸的方式实现网页叙事中视觉呈现效果。以图片搭配文字描述来突出叙事主题、叙事效果，强调视觉呈现重点，对文字和图像进行整理和编排，形成可读的网络页面传递给受众，并在最短的时间内获取最有价值的信息，提高消费者对产品的兴趣，激发购买欲望。

（一）网页设计的时间纵向叙事

“人们生活在时间里，人们在时间里起作用。”[①] 叙事学中的叙事时间主要分为两个方面：第一个是叙事的文本时间，也就是叙述故事的整个过程；第二个是故事发展时间，也就是故事的发展过程。网页设计中的时间叙事方式是多元的，网页交互产生的页面跳转、返回页面、多窗口叠加等，是多种网络语言手法。既有时间叙事的线性发展，也有媒介交互的非线性时间转移，媒介交互转换在打断了叙事时间的线性浏览后，却产生了非线性的多个页面的时空转换，从而使得网页叙事的结构变成动态的时间发展。当网页设计对消费者进行叙事时，消费者就在改变自己的时间感知方式。即使消费者选择了同

① ［法］萨特：《萨特文论选》，北京：人民文学出版社，1991年。

样的时间浏览不同的页面，由于交互设计技巧的不同，设置链接的对象不同，也可以产生同样的时间感知。

1．叙事的瞬间模式

瞬间叙事，顾名思义就是瞬间传递可读信息。在进行瞬间叙事时，叙述者需要第一时间把所要传达的意思准确快速地传达给浏览者。信息的准确传达是传播过程中的首要任务，也是整个网络叙事的最终目的和最高理想。因为许多专家学者在传播学当中的人对信息的认知方式、记忆特性等方面有着深入的研究，因此，利用传播学知识结合网络叙事方法可以对信息传达的准确性有很大的帮助。

从店铺产品展示来说，由于网络购物的特性和网络平台的局限性，消费者在浏览商品时，若不能瞬间抓住他的眼球和提起他的兴趣，那么店铺转换率就会下降。一个好的网页设计，或者一个新的产品想要瞬间吸引消费者和提起他们的购买欲望，这个短短的瞬间往往是最重要的部分，产品展示的图片或者是海报需要让消费者在这一瞬间快速地接受“这是什么、你能得到什么”。设计者把握这一刻画面产生的最大效果，必须体现产品特点以及产品的最大价值，能够让消费者产生好感或者是从画面当中能够知晓购买获利，最终达到语意的延伸。也就是说，网页设计画面必须让消费者瞬间看到产品的价值，了解产品的前因后果。只有这样的设计，才能让消费者在看了之后点击进入二级页面或者其他板块进行详细了解，产生时间流动，从而达到网页叙事的目的。

2．叙事的语意延伸

虽然网络页面在技术层面上能够实现动态表现，但考虑到其会影响消费者浏览速度，大多数商家还是选择使用静态画面。画面只能表现某个时间的瞬间，或者是最富有含义的某个符号。从品牌文化传播来说，设计师必须把握所选择的瞬间画面或者使符号能够产生最大效果，并通过设计手段表现出来，说清前因后果，能让消费者推测出事情发展脉络，通过这些页面内容达到语意的延伸。凡是需要标题来达到醒目的画面，文字需简洁有力，起到点明之意，不宜过长。俞平伯在《子恺漫画·跋》中对丰子恺的画做出了这样评价:"'看'画是煞风景的，当说'读'画才对，况且画本就是您的诗。"[①] 意思是画面当中不单单只有图像，而且蕴藏着很丰富的内涵和意义。目前，很多网络店铺只是将产品信息简单地排列在页面之上，谈不上将信息以叙事的方式展示在消费者眼前。消费者置身于网络购物平台，这个海量信息汇集的地方并不能让他们很容易就能找到自己所需要的信息，这是因为商家并没有做到将信息有效快速的传播。因此，利用画面视觉传达设计，将网络店铺产品增加语意延伸，能有效融入产品附加值。

（二）网页设计的空间横向叙事

1．纲要叙述与多板块、多场景展现

纲要叙事与多板块、多场景展现意思是指，在一个中心思想的指导下，多路线分别叙述。"'纲要式叙述'即把不同时间点上的场景或事件要素挑取重要者'并置'在同一个画幅上。由于这种做法改变了事物的原始语境或自然状态，带有某种'综合'的特征，故又称'综合性叙述'。"[②] 这样的网页叙事方式是提取不同时间、地点节点上发生的事件，将其组合并置在同一空间，融合在同一个页面上。在一个网页设计中，对产品或品牌故事的叙述方式而言，在整个页面设计当中要表现同一个品牌故事在不同时间段所发生的故事情节，以图像的方式展现，我们可以称之为"多板块展现"，这样的展示方式就是空间的横向发展；与之不同的是，同样的品牌故事情节和同样的时间段，不同的故事人物所构成的不同画面，可以将这样的叙事方式称为"多场景展示"，这样的展示方式就是时间的空间化发展。

2．整体叙事与多画面展示

时间纵向叙事和多板块横向叙事都是以单幅画面叙事的方式为主，而整体叙事模式则是通过多个画面来完成网页叙事的方式。相比之下，整体叙事方式的叙事性更为完整，

---

① 丰陈宝、丰一吟、丰元草：《丰子恺文集·艺术卷四》，第388、309、278、364页，北京：人民出版社，2004年。

② 龙迪勇：《图像叙事：空间的时间化》，《江西社会科学》，2007年第9期。

传达的意义更为准确。在实现整体叙事当中，我们首先要做的是保持产品的多样性统一。

在画面当中需要出现多个产品，那么首先，要确保主推产品的突出，整个画面布局当中，主推产品和其他产品以及搭配的色彩、设计场景要和谐统一。设计师需要将产品的不同角度和其特点展现并保持画面的一致性和多样统一性，才能达到网页叙事的完整性。其次，保证故事场景设计的多样性统一。多画面的展示不同于单个画面独立叙事功能，多个产品画面的组合叙事方式需要每一个画面间达成联系，贯穿始终。在多个画面当中并不是每一个画面都是起到关键叙事作用的，有的画面需要呈现的是引导作用，使消费者继续往下浏览。整体叙事和多画面展示使得整个网页和谐统一，叙述完整。

王受之先生说过："21 世纪平面设计是朝着多媒体方向发展的。"网页设计是传统平面设计的一种新的延伸，网页设计中的元素受传播媒介的影响，与传统平面设计手法有所不同。但是，网页叙事最终的呈现方式还是以艺术设计的手段对文字和图像进行整理和编排，通过网络语言代码形成网络页面传递给受众。只是受众是通过连接网络，在电子屏幕上以视觉的方式接受文本信息。所以说，在整个叙事过程中，视觉呈现是至关重要的一部分。

（三）网页叙事中的设计媒介

1．色彩模式的转换

传统平面设计的呈现方式主要以纸质为媒介的印刷形式呈现，电子媒介中的网页设计则是在电子显示器上呈现。由于媒介和呈现方式的转换，设计作品的分辨率从原来的的 300dpi 变成了 72dpi（像素 / 英寸），在色彩模式上，也从原来的 CMYL 转换成了 RGB 模式，网页设计由于是 72dpi，所以在很小的文字和线条的细节上很难显示出来，一般最小为一个像素，而印刷作品最细的线条可以达到 0.035—0.06 毫米；在色彩显示方面电子显示器的 RGB 模式则比印刷的 CMYK 模式要强大很多，可以显示成千上万种色彩。

2．作品尺寸的变化

传统平面设计经常会受到纸张大小和纸张克度的影响，而电子媒介中的网页设计又有所不同。网页设计中的界面大小基本上是固定的，虽然显示器的显示范围在理论上是可以无限放大或缩小的。但是，为了方便用户浏览，我们会选择性地在横向拖动页面和纵向拖动页面之间放弃一个。目前，大多数用户的电脑显示器显示范围在 1024x768 像素，有一些用户的页面显示可能会高于这个范围。为了让大多数用户能够在一个屏幕内浏览主题内容，天猫商城将店铺模板最大宽度设置成 1920 像素，主体显示区域控制在 900 像素。

以上是对电子媒介网页设计和传统平面设计之间的不同做的简单分析，网页设计中还有一个最主要的功能，就是控制网页加载速度，这直接影响到消费者浏览网页的时间和跳屏率。虽然现在网络的速度大大提高，但是我们还是要充分考虑消费者的人机交互体验，以便做得更好。

五、总结

现今来看，随着互联网的发展，它的便捷改变了我们的生活方式，网络购物人群正在逐年快速上升，消费者对店铺网页视觉呈现要求也越来越高，运用叙事学理论结合视觉设计方法，通过网页叙事方法使网页设计达到视觉美观和人机情感互动，以及产品信息表达顺畅等，网页叙事方法设计已成为一个必然趋势，也是设计师未来在网页设计中的一个全新的研究领域。德国世界级的广告设计大师冈特·兰堡曾说过："一名设计师的作品如果停滞在一个水平上或者在风格上不求变化，那就意味着死亡。"[①]

一个好的网页设计需要网页叙事方法作为理论基础，艺术表现、用户体验、时间和空间的设计感，市场的变化和消费者的需求都需要设计师敏锐把握。网页叙事方法在设计中的应用研究是为了实现更好的信息传递和呈现更好的视觉效果，设计师通过网页叙事方法的理论指导，将图像、文字、色彩等要素组合，充分考虑消费者视觉体验，在准确传达信息的基础上营造一种愉悦的叙事方式，使消费者在整个购物过程中得到视觉享受，产生心灵共鸣。

① 彭纲：《网页艺术设计》，第23页，北京：高等教育出版社，2006年。

学　生　作　品　类　成　果

3GLASSES虚拟现实眼镜推广小组

沈子杰　邓　杰　刘　珊　蔡颖诗　韦雪莹

海报设计

360度沉浸式虚拟现实眼镜，无比真实，让你乐在置身其中
3Glasses
越无界 越无限

360度沉浸式虚拟现实眼镜，无比真实，让你乐在置身其中
3Glasses
越无界 越无限

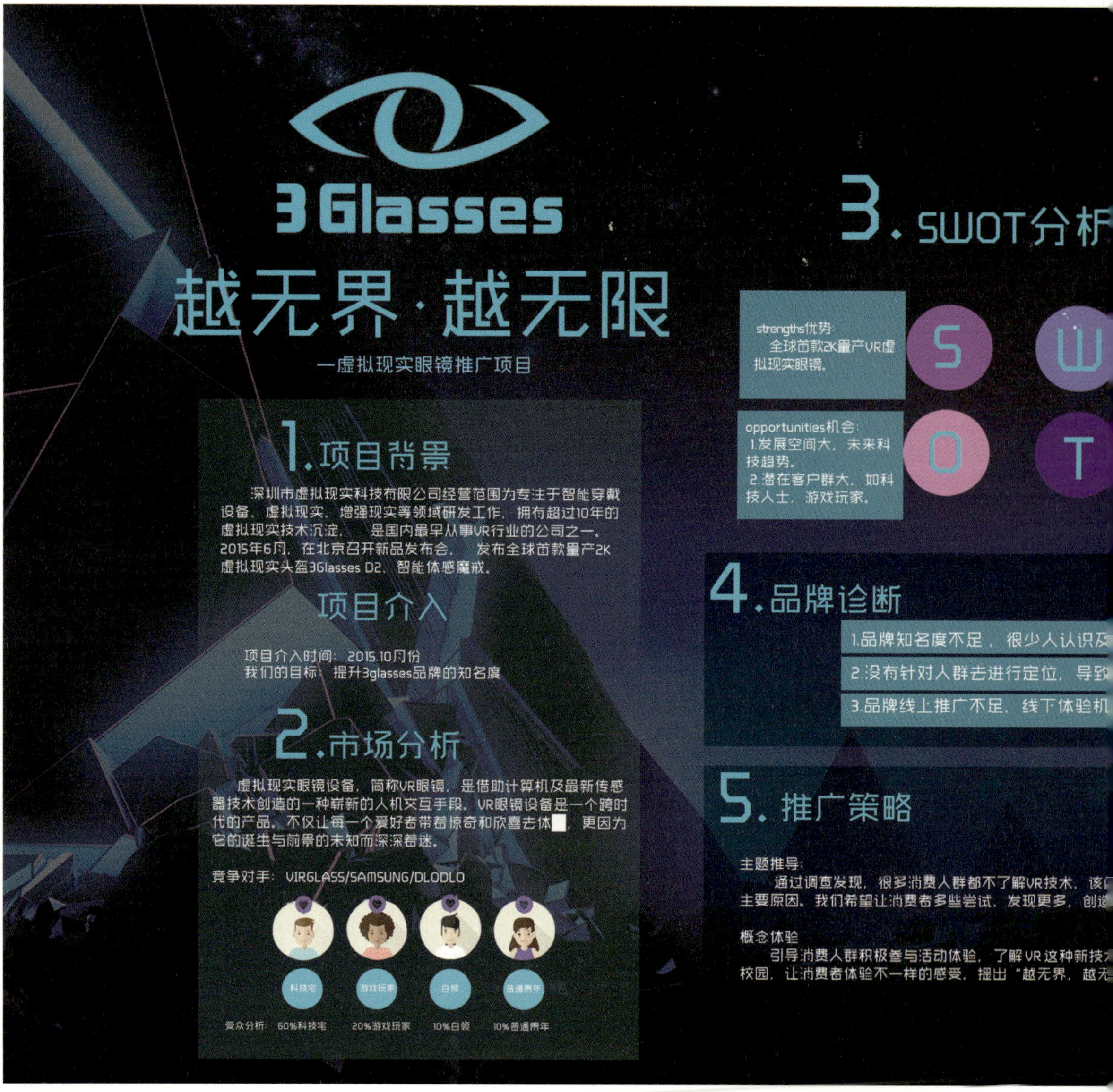
3Glasses
越无界·越无限
—虚拟现实眼镜推广项目
1.项目背景
深圳市虚拟现实科技有限公司经营范围为专注于智能穿戴设备、虚拟现实、增强现实等领域研发工作，拥有超过10年的虚拟现实技术沉淀，是国内最早从事VR行业的公司之一。2015年6月，在北京召开新品发布会，发布全球首款量产2K虚拟现实头盔3Glasses D2、智能体感魔戒。
项目介入
项目介入时间：2015.10月份
我们的目标：提升3glasses品牌的知名度
2.市场分析
虚拟现实眼镜设备，简称VR眼镜，是借助计算机及最新传感器技术创造的一种崭新的人机交互手段。VR眼镜设备是一个跨时代的产品。不仅让每一个爱好者带着惊奇和欣喜去体█，更因为它的诞生与前景的未知而深深着迷。
竞争对手：VIRGLASS/SAMSUNG/DLODLO
科技宅
游戏玩家
白领
普通青年
受众分析：60%科技宅 20%游戏玩家 10%白领 10%普通青年
3.SWOT分析
strengths优势：
全球首款2K量产VR虚拟现实眼镜。
S
W
opportunities机会：
1.发展空间大，未来科技趋势。
2.潜在客户群大，如科技人士，游戏玩家。
O
T
4.品牌诊断
1.品牌知名度不足，很少人认识及
2.没有针对人群去进行定位，导致
3.品牌线上推广不足，线下体验机
5.推广策略
主题推导：
通过调查发现，很多消费人群都不了解VR技术，该
主要原因。我们希望让消费者多些尝试，发现更多，创
概念体验
引导消费人群积极参与活动体验，了解VR这种新技
校园，让消费者体验不一样的感受，提出"越无界，越无

战略地图

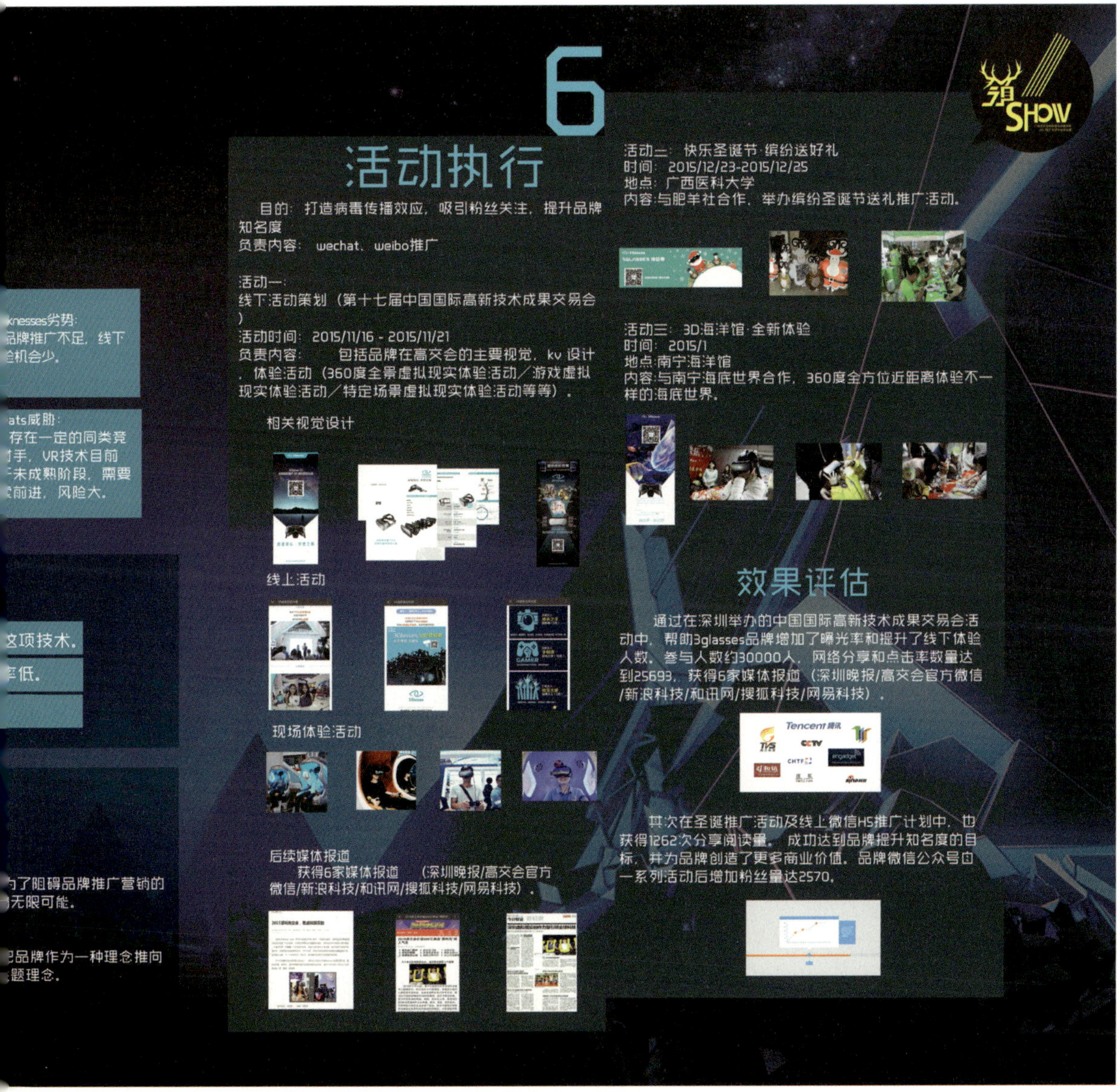

6
活动执行
目的：打造病毒传播效应，吸引粉丝关注，提升品牌知名度
负责内容：wechat、weibo推广
活动一：
线下活动策划（第十七届中国国际高新技术成果交易会）
活动时间：2015/11/16 - 2015/11/21
负责内容：包括品牌在高交会的主要视觉，kv设计，体验活动（360度全景虚拟现实体验活动／游戏虚拟现实体验活动／特定场景虚拟现实体验活动等等）。
相关视觉设计
线上活动
现场体验活动
后续媒体报道
获得6家媒体报道（深圳晚报/高交会官方微信/新浪科技/和讯网/搜狐科技/网易科技）。
活动二：快乐圣诞节·缤纷送好礼
时间：2015/12/23-2015/12/25
地点：广西医科大学
内容：与肥羊社合作，举办缤纷圣诞节送礼推广活动。
活动三：3D海洋馆·全新体验
时间：2015/1
地点：南宁海洋馆
内容：与南宁海底世界合作，360度全方位近距离体验不一样的海底世界。
效果评估
通过在深圳举办的中国国际高新技术成果交易会活动中，帮助3glasses品牌增加了曝光率和提升了线下体验人数。参与人数约30000人，网络分享和点击率数量达到25693，获得6家媒体报道（深圳晚报/高交会官方微信/新浪科技/和讯网/搜狐科技/网易科技）。
Tencent腾讯
CCTV
CHTF
engadget
其次在圣诞推广活动及线上微信H5推广计划中，也获得1262次分享阅读量，成功达到品牌提升知名度的目标，并为品牌创造了更多商业价值。品牌微信公众号由一系列活动后增加粉丝量达2570。
knesses劣势：
品牌推广不足，线下
机会少。
ats威胁：
存在一定的同类竞
手，VR技术目前
未成熟阶段，需要
前进，风险大。
这项技术。
低。
了阻碍品牌推广营销的
无限可能。
品牌作为一种理念推向
题理念。

28号铁轨

孟思儒　蔡蝶凌　区天豪　刘　派

海报设计

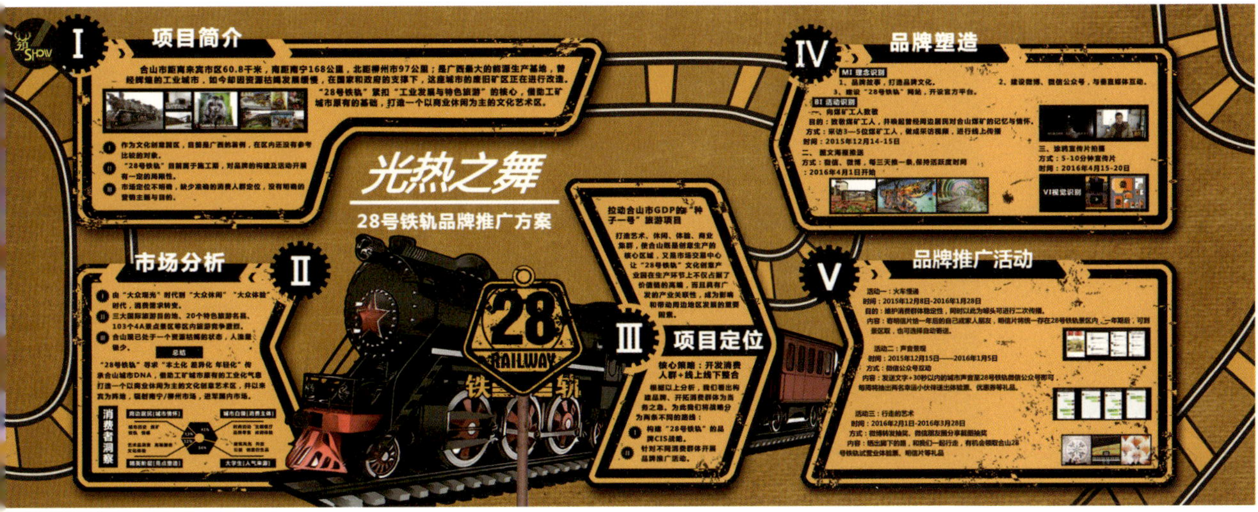

I 项目简介
光热之舞
28号铁轨品牌推广方案
市场分析 II
III 项目定位
IV 品牌塑造
V 品牌推广活动
28
RAILWAY
铁轨

战略地图

HiFi+

孙一琳　郭嘉欣　向晓佳　易　璐

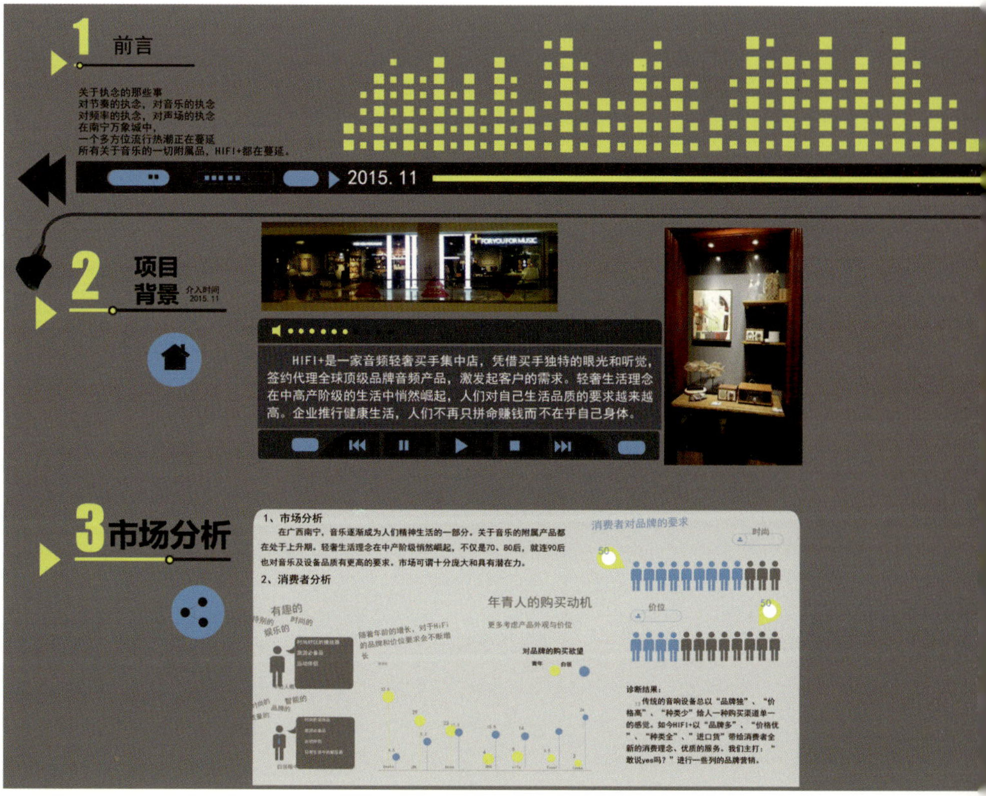

战略地图

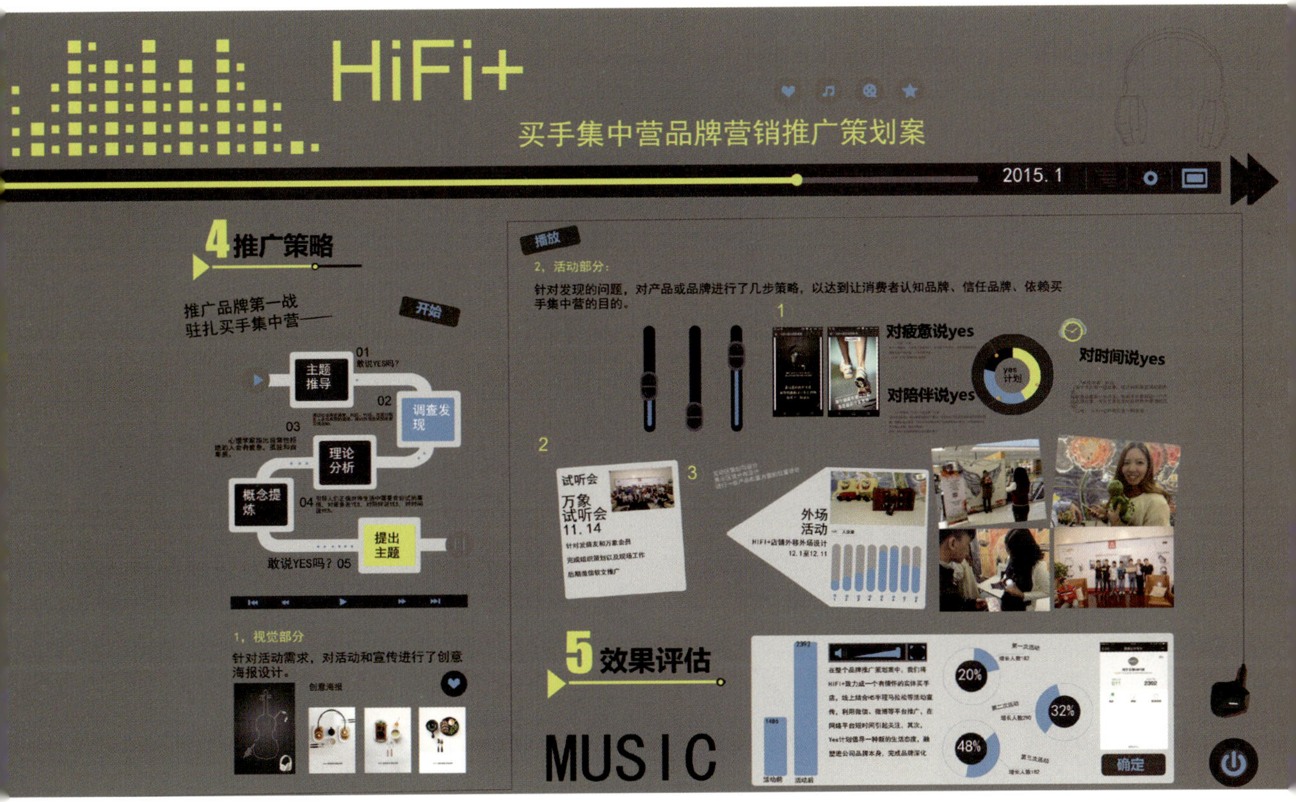

HiFi+
买手集中营品牌营销推广策划案
2015. 1
4推广策略
推广品牌第一战
驻扎买手集中营——
开始
01
敢说YES吗？
主题推导
02
调查发现
03
理论分析
概念提炼
04
提出主题
敢说YES吗？ 05
1，视觉部分
针对活动需求，对活动和宣传进行了创意海报设计。
创意海报
播放
2，活动部分：
针对发现的问题，对产品或品牌进行了几步策略，以达到让消费者认知品牌、信任品牌、依赖买手集中营的目的。
1
对疲惫说yes
对陪伴说yes
对时间说yes
yes计划
2
试听会
万象
试听会
11. 14
3
外场
活动
5效果评估
MUSIC
20%
32%
48%
确定

海报设计

艾米1895电影街品牌推广项目

黄珊珊　徐嘉熠　周倩瑜　罗玉倩

展场设计

展场设计

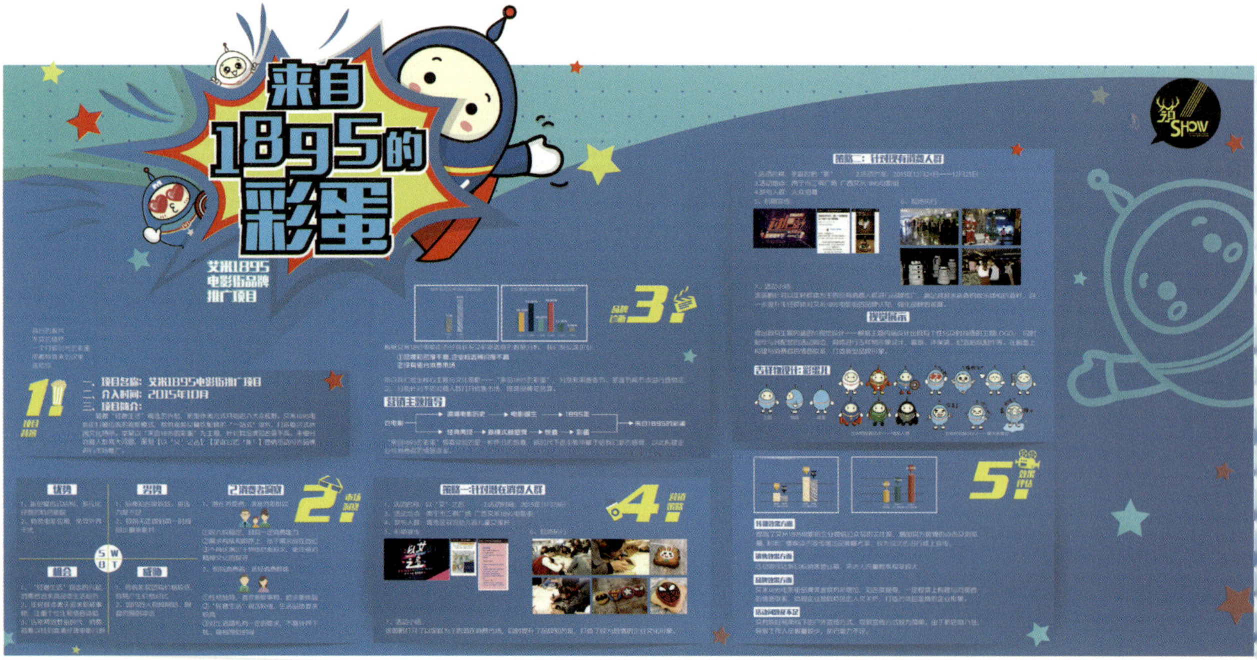

战略地图

成长湾·梦想+-

伍娟梅　谢文思　程博雅　吴春妮　姚森林

海报设计

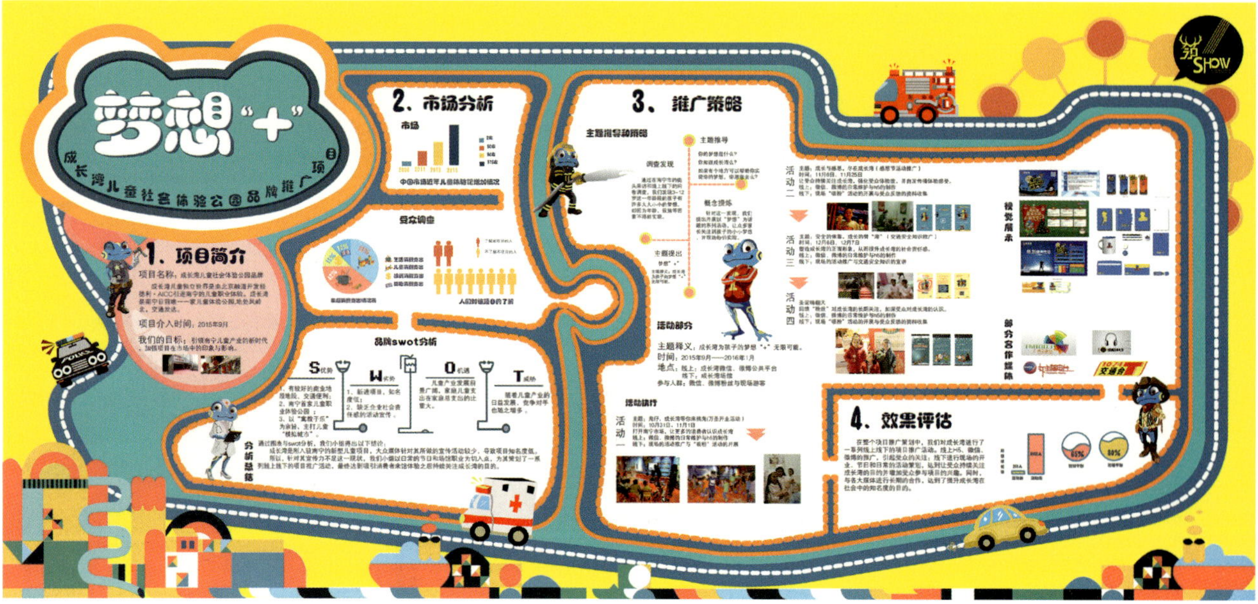
梦想"+"
成长湾儿童社会体验公园品牌推广项目
1、项目简介
2、市场分析
3、推广策略
4、效果评估
品牌swot分析
受众调查
活动部分

战略地图

够英雄

路欢欢　秦　媛　张元元　段婧琦　甘瞻远

展场设计

GOPRO品牌
南宁市场推广项目

展场设计

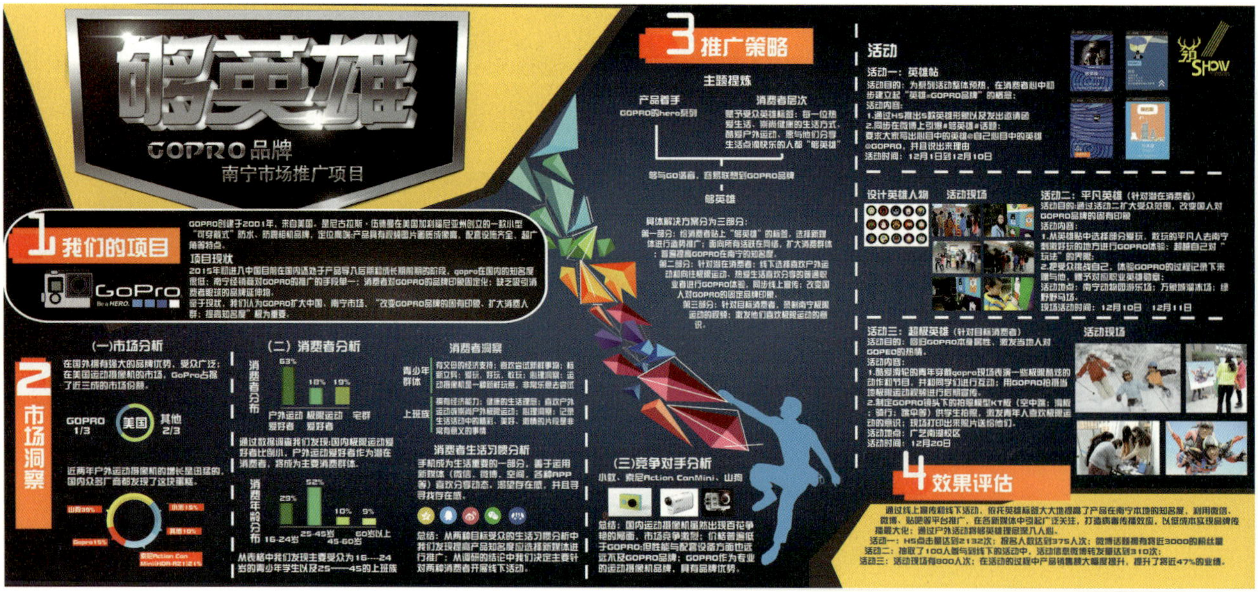
够英雄
GOPRO品牌
南宁市场推广项目
1 我们的项目
GoPro
Be a HERO.
GOPRO创建于2001年，来自美国。是尼古拉斯·伍德曼在美国加利福尼亚州创立的一款小型“可穿戴式”防水、防震相机品牌，定位高端:产品具有视频图片画质成像高，配套设施齐全，超广角等特点。
项目现状
2015年初进入中国目前在国内还处于产品导入后期和成长期前期的阶段，gopro在国内的知名度很低；南宁经销商对GOPRO的推广的手段单一；消费者对GOPRO的品牌印象固定化；缺乏吸引消费者眼球的品牌延伸物。
鉴于现状，我们认为GOPRO扩大中国、南宁市场，“改变GOPRO品牌的固有印象、扩大消费人群；提高知名度”极为重要。
2 市场洞察
(一)市场分析
在国外拥有强大的品牌优势，受众广泛；在美国运动摄像机的市场，GoPro占据了近三成的市场份额。
GOPRO 1/3
美国
其他 2/3
近两年户外运动摄像机的增长是迅猛的，国内众多厂商都发现了这块蛋糕。
山狗35%
小蚁15%
其他10%
Gopro15%
索尼Action Cam Mini(HDR-AZ1)21%
(二) 消费者分析
消费者分布
63%
18%
19%
户外运动爱好者
极限运动爱好者
宅群
通过数据调查我们发现:国内极限运动爱好者比例小，户外运动爱好者作为潜在消费者，将成为主要消费群体。
消费年龄分布
29%
52%
10%
9%
16-24岁
25-45岁
45-60岁
60岁以上
从表格中我们发现主要受众为16---24岁的青少年学生以及25——45的上班族
消费者洞察
青少年群体
有父母的经济支持；喜欢尝试新鲜事物；标新立异；爱玩，好玩，敢玩；心理洞察：运动摄像机是一种新鲜玩意，非常乐意去尝试
上班族
拥有经济能力；健康的生活理念；喜欢户外运动或崇尚户外极限运动；心理洞察：记录生活活动中的精彩、美好、难忘的片段是非常有意义的事情
消费者生活习惯分析
手机成为生活重要的一部分，善于运用新媒体（微信、微博、空间、各种APP等）喜欢分享动态，渴望存在感，并且寻找存在感。
总结：从两种目标受众的生活习惯分析中我们发现提高产品知名度应选择新媒体进行推广；从调研的结论中我们决定主要针对两种消费者开展线下活动。
(三)竞争对手分析
小蚁、索尼Action CamMini、山狗
总结：国内运动摄像机虽然出现百花争艳的局面，市场竞争激烈；价格普遍低于GOPRO;但性能与配套设备方面也远远不及GOPRO品牌；GOPRO作为专业的运动摄像机品牌，具有品牌优势。
3 推广策略
主题提炼
产品着手
GOPRO的hero系列
消费者层次
赋予受众英雄标签：每一位热爱生活、崇尚健康的生活方式、酷爱户外运动、愿与他们分享生活点滴快乐的人都“够英雄”
够与GO谐音，容易联想到GOPRO品牌
够英雄
具体解决方案分为三部分：
第一部分：给消费者贴上“够英雄”的标签，选择新媒体进行造势推广；面向所有活跃在网络，扩大消费群体：普遍提高GOPRO在南宁的知名度。
第二部分：针对潜在消费者：线下选择喜欢户外运动和向往极限运动、热爱生活喜欢分享的普通职业者进行GOPRO体验，同步线上宣传：改变国人对GOPRO的固定品牌印象。
第三部分：针对目标消费者，录制南宁极限运动的视频；激发他们喜欢极限运动的意识。
活动
活动一：英雄帖
活动目的：为系列活动整体预热，在消费者心中初步建立起“英雄=GOPRO品牌”的概念：
活动内容：
1.通过H5推出5款英雄形象以及发出邀请函
2.同步在微博上引爆#够英雄#话题：
要求大家写出心目中的英雄@自己心目中的英雄@GOPRO，并且说出来理由
活动时间：12月1日到12月10日
设计英雄人物
活动现场
活动二：平凡英雄（针对潜在消费者）
活动目的:通过活动二扩大受众范围，改变国人对GOPRO品牌的固有印象
活动内容：
1.从英雄帖中选择部分爱玩，敢玩的平凡人去南宁刺激好玩的地方进行GOPRO体验：超越自己对“玩法”的界限；
2.把受众挑战自己，体验GOPRO的过程记录下来赠与他，赠予对应职业英雄勋章；
活动地点：南宁动物园游乐场；万象城溜冰场；绿野野马场。
现场活动时间：12月10日 12月11日
活动三：超极英雄（针对目标消费者）
活动目的：回归GOPRO本身属性，激发当地人对GOPEO的热情。
活动内容：
1.酷爱滑轮的青年穿戴gopro现场表演一些极限酷炫的动作和节目，并和同学们进行互动；用GOPRO拍摄当地极限运动视频进行后期宣传。
2.制定GOPRO镜头下的拍照模型KT板（空中跳；滑板；骑行；跳伞等）供学生拍照，激发青年人喜欢极限运动的意识；现场打印出来照片送给他们。
活动地点：广艺南湖校区
活动时间：12月20日
活动现场
4 效果评估
通过线上宣传和线下活动，依托英雄标签大大地提高了产品在南宁本地的知名度，利用微信、微博、贴吧等平台推广，在各新媒体中引起广泛关注，打造病毒传播效应，以低成本实现品牌传播最大化；通过户外活动将够英雄理念深入人心。
活动一：H5点击量达到2132次；报名人数达到375人次；微博话题拥有将近3000的粉丝量
活动二：抽取了100人参与到线下的活动中，活动信息微博转发量达到310次；
活动三：活动现场有800人次；在活动的过程中产品销售额大幅度提升，提升了将近47%的业绩。

战略地图

古河农业生态园

李伟松　巫运辅　黄梦诗　代　琳　朱亚婷

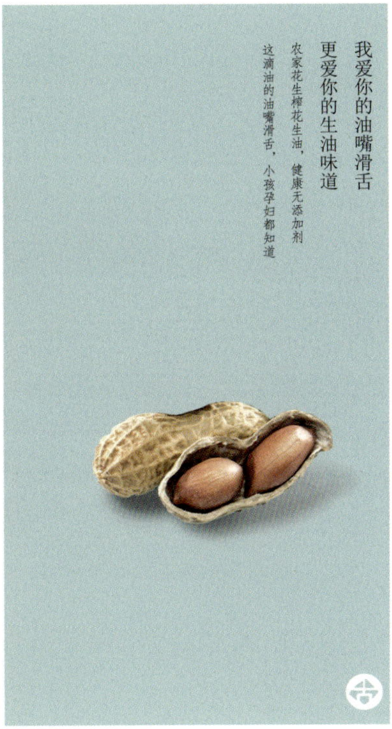

海报设计

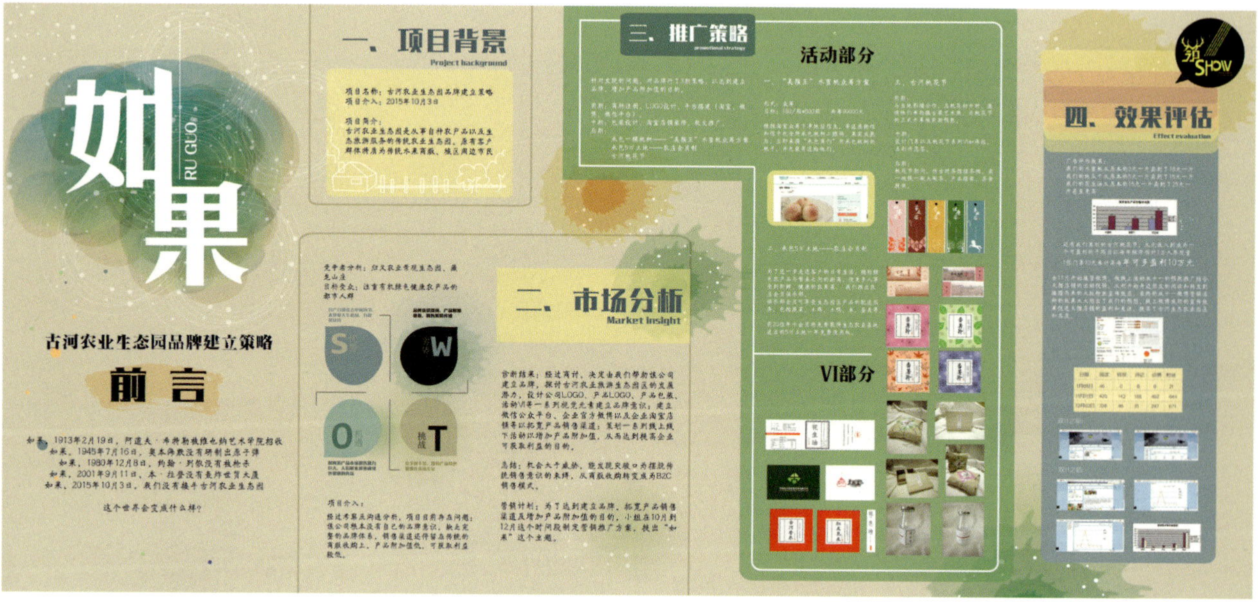
如果
RU GUO
古河农业生态园品牌建立策略
前言
一、项目背景
Project background
二、市场分析
Market insight
三、推广策略
活动部分
VI部分
四、效果评估
Effect evaluation

战略地图

口袋蜻蜓

苏杰丽　赖淑君　闵中豪　俞隽逸

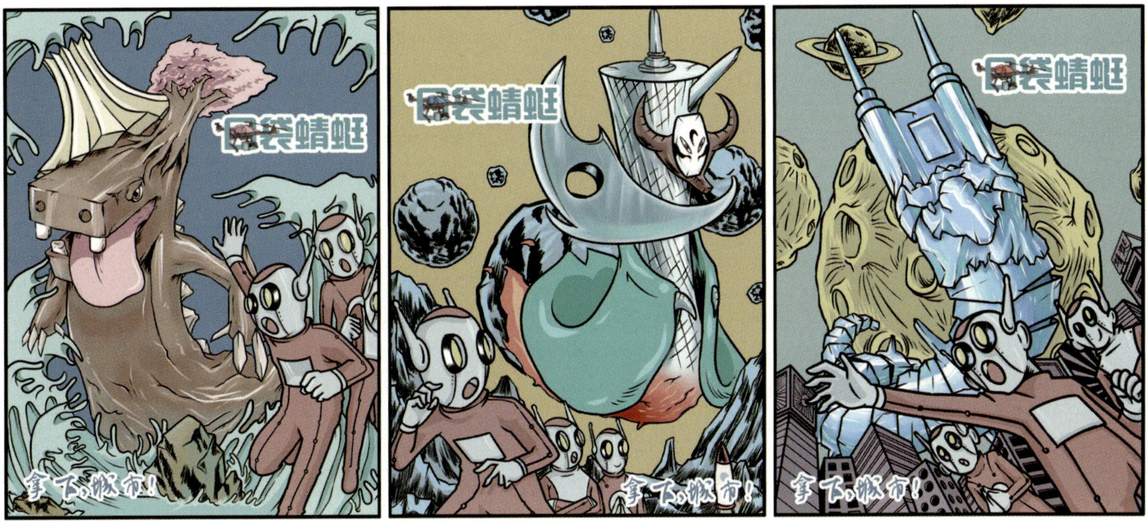

海报设计

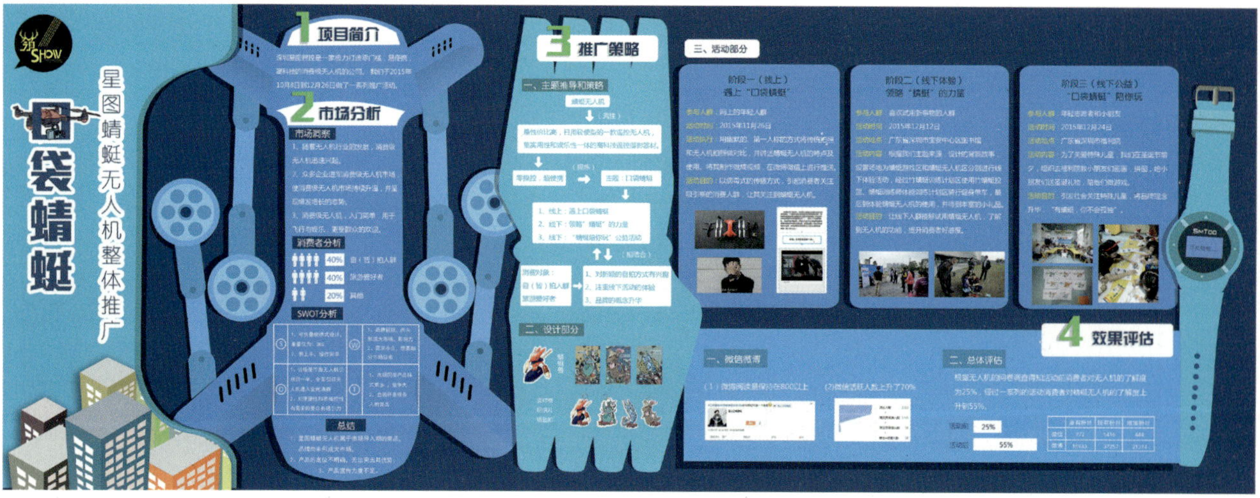
口袋蜻蜓
星图蜻蜓无人机整体推广
1 项目简介
2 市场分析
市场洞察
消费者分析
SWOT分析
总结
3 推广策略
一、主题推导和策略
二、设计部分
三、活动部分
4 效果评估
一、微信推送
二、总体评估

战略地图

南宁电信“肥羊社”微信公众号校园推广项目

黄雅思　朴幸莉

海报设计

肥羊社
大学生专属手上营业厅
找实习找工作？上肥羊社实习无忧
有young
做自己
微信
肥羊社
实习
找实习
XXX
XXX
XXX
XXX
校园生活

海报设计

肥羊社
微信公众号推广
中国电信
CHINA TELECOM
一·项目简介
二·市场分析
（一）消费者分析
（二）竞争对手分析
（三）SWOT
（四）品牌诊断与总结
三·推广策略
（一）主题推导和策略
（二）视觉部分
（三）·一期活动执行
（四）二期活动执行
四·效果评估
School

战略地图

碰 壮

何婷婷　温耀光　何赛祖　陈湘芸

海报设计

海报设计

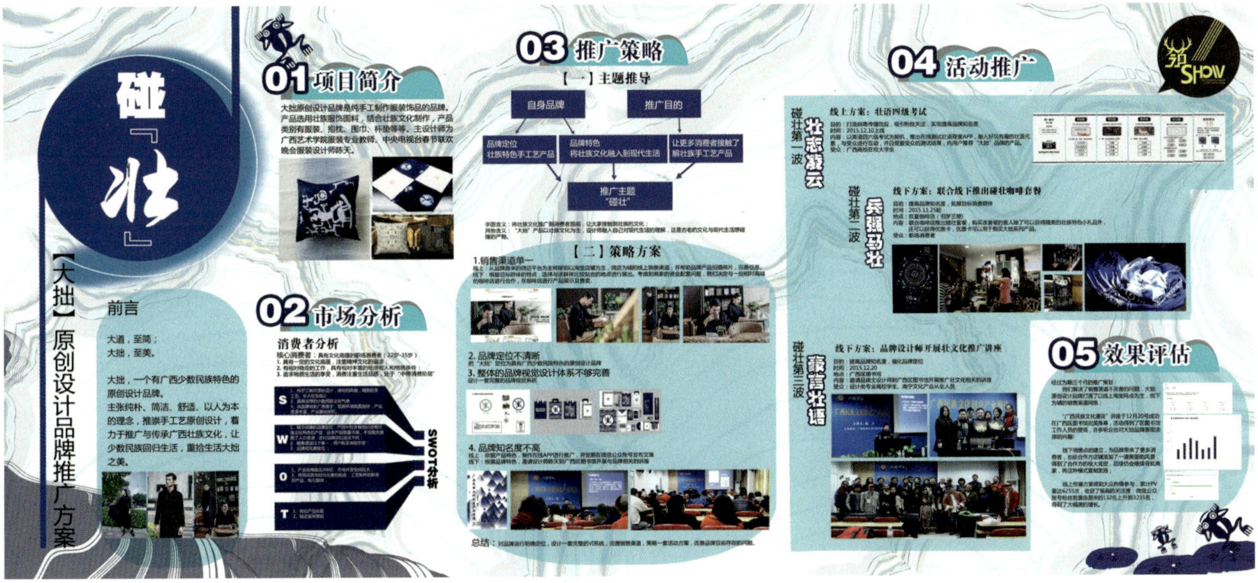

碰「壮」
【大拙】原创设计品牌推广方案
前言
大道，至简；
大拙，至美。
大拙，一个有广西少数民族特色的原创设计品牌。
主张纯朴、简洁、舒适、以人为本的理念，推崇手工艺原创设计，着力于推广与传承广西壮族文化，让少数民族回归生活，重拾生活大拙之美。
01 项目简介
大拙原创设计品牌是纯手工制作服装饰品的品牌。产品选用壮族服饰面料，结合壮族文化制作，产品类别有服装、抱枕、围巾、杯垫等等。主设计师为广西艺术学院服装专业教师、中央电视台春节联欢晚会服装设计师陈天。
02 市场分析
消费者分析
SWOT分析
S
W
O
T
03 推广策略
【一】主题推导
自身品牌
推广目的
品牌定位
壮族特色手工艺产品
品牌特色
将壮族文化融入到现代生活
让更多消费者接触了解壮族手工艺产品
推广主题
"碰壮"
【二】策略方案
1.销售渠道单一
2.品牌定位不清晰
3.整体的品牌视觉设计体系不够完善
4.品牌知名度不高
总结：
04 活动推广
碰壮第一波
壮志凌云
线上方案：壮语四级考试
碰壮第二波
兵强马壮
线下方案：联合线下推出碰壮咖啡套餐
碰壮第三波
豪言壮语
线下方案：品牌设计师开展壮文化推广讲座
05 效果评估

战略地图

骑出趣·南宁市公共自行车租赁服务

叶戈庆　韦志萍　李怡鹏　谢丹宁　陈润华

游乐园海报

展场布置

2015-2016
骑出趣
RIDE A BIKE AND HAVE FUN
南宁自行车租赁服务推广项目
Start
2015年9月介入项目，提炼新主题"骑出趣"，设计"南宁方言神兽"形象。制作海报，公益动画线上宣传。线下推出"乐在骑中"活动，以此提升南宁公共自行车在年轻人心中的好感度。
1 项目简介
2 目标人群洞察
① 受众对租赁服务有潜在需求。
② 喜欢图像化、碎片化讯息，依赖网络与移动终端。
③ 热爱微博、微信、朋友圈等社交方式。
④ 喜爱本土文化，好奇新鲜事物。
⑤ 受国民文化影响，对骑公共自行车有一定程度羞耻感。
3 SWOT分析
S优势
1.节能，省钱。
2.避免堵车，行动方便。
3.锻炼身体
W劣势
1.办卡方式单一且复杂。
2.远距离骑行困难。
3.整体视觉不鲜明，不年轻化。
O机会
1.越来越多人愿意使用自行车出行。
2.社会风气宣传低碳绿色出行。
3.人们开始注重健康生活。
4.自行车使用方式可开发程度大。
T威胁
1.越来越多人拥有自己的（电动）自行车。
2.骑行环境暂时不能解决
4 品牌诊断
在受众心中形象不够时尚、青春，原有定位环保不能引起共鸣。大众对其虽有一定认知度，但年龄层偏大，大多以代步作为主要用途。
5 推广策略
①主题推导和策略
骑出趣——让更多的人选择公共自行车骑行出门，开发更多骑行乐趣，让使用公共自行车成为好玩的事。
②活动部分
第一阶段：神兽来袭
活动内容：重新定义南宁本土特色文化神兽，进行H5推广预热
活动时间：2015年12月1日—13日
第二阶段：骑乐无穷
活动内容：与神兽结合的骑行H5推广，手绘地图发布
活动时间：2015年12月13日—19日
第三阶段：乐在骑中
活动内容：用闯关的形式以自行车为线索加深绿色、文明骑行的概念
活动时间：2015年12月20日
活动地点：南湖周边各站点
6 效果评估
第一阶段进行"神兽"话题推广，在年轻人之间树立品牌形象，提高知名度。
第二阶段通过H5小游戏和南宁手绘地图的配合，激发年轻人对骑行的兴趣。
第三阶段把线上H5延续，通过站点进行游戏宣传达到加深绿色出行、文明骑行的效果。
SHOW

战略地图

无界匠心

黄　念　裴胤博　邹旭东　程　凡

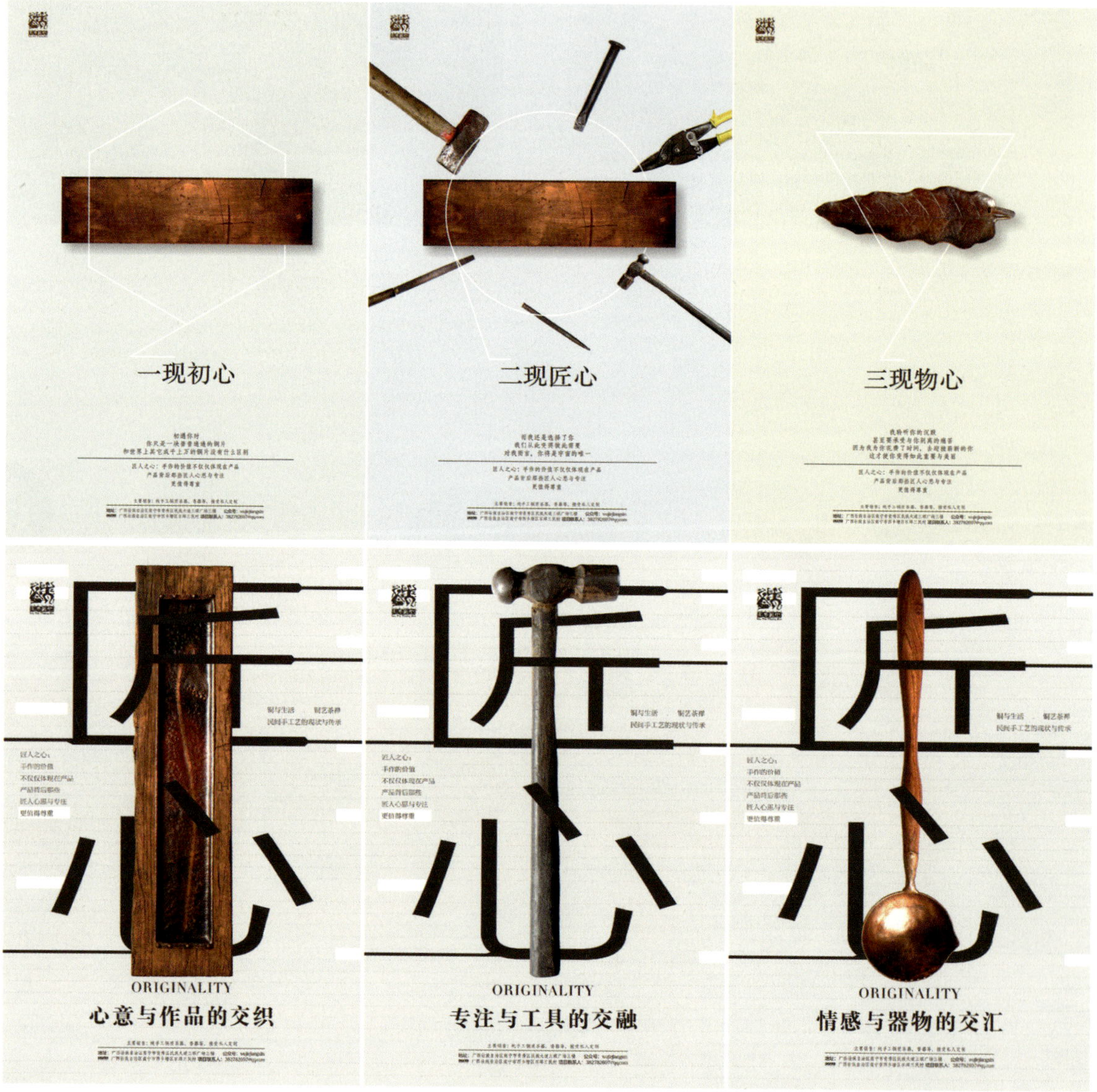

海报设计

展场设计

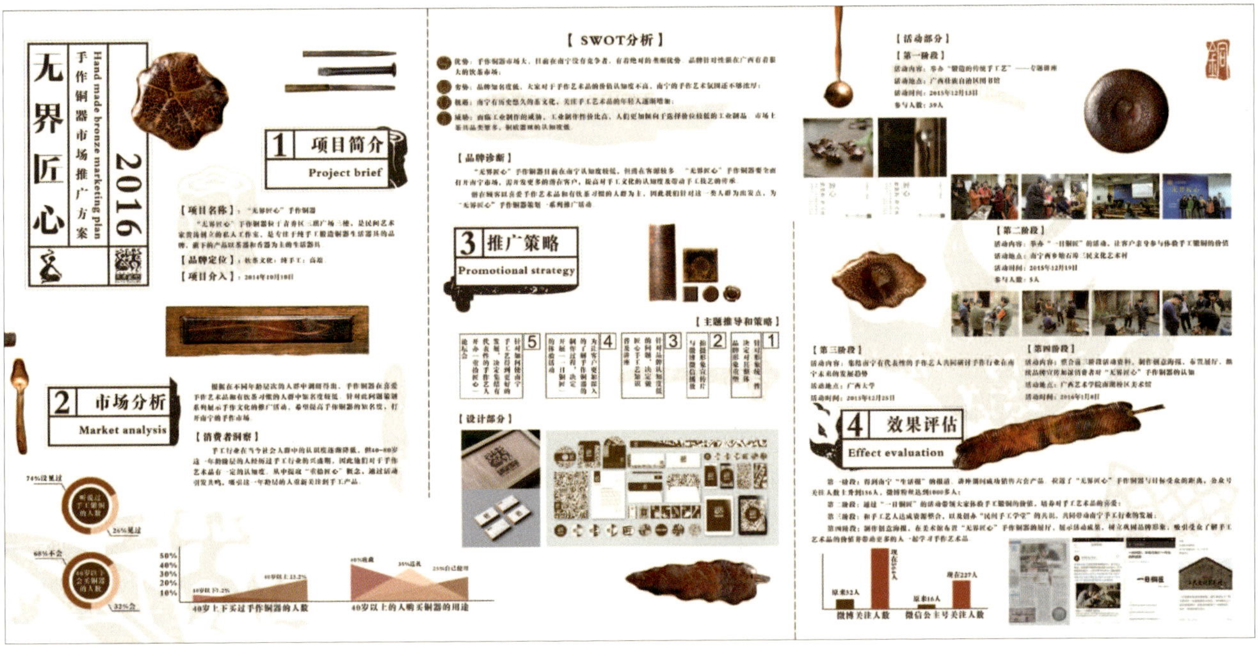

无界匠心
手作铜器市场推广方案
Hand made bronze marketing plan
2016
1 项目简介
Project brief
2 市场分析
Market analysis
【SWOT分析】
【品牌诊断】
3 推广策略
Promotional strategy
【主题推导和策略】
【设计部分】
【活动部分】
【第一阶段】
【第二阶段】
【第三阶段】
【第四阶段】
4 效果评估
Effect evaluation

战略地图

芽记茶舍

徐丹丹　梁　苹　吴柳霞　李　想　陈曼青

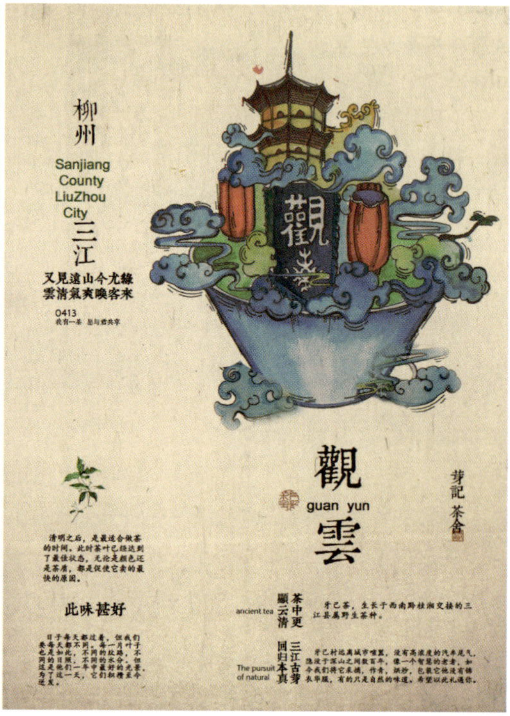

海报设计

展场设计

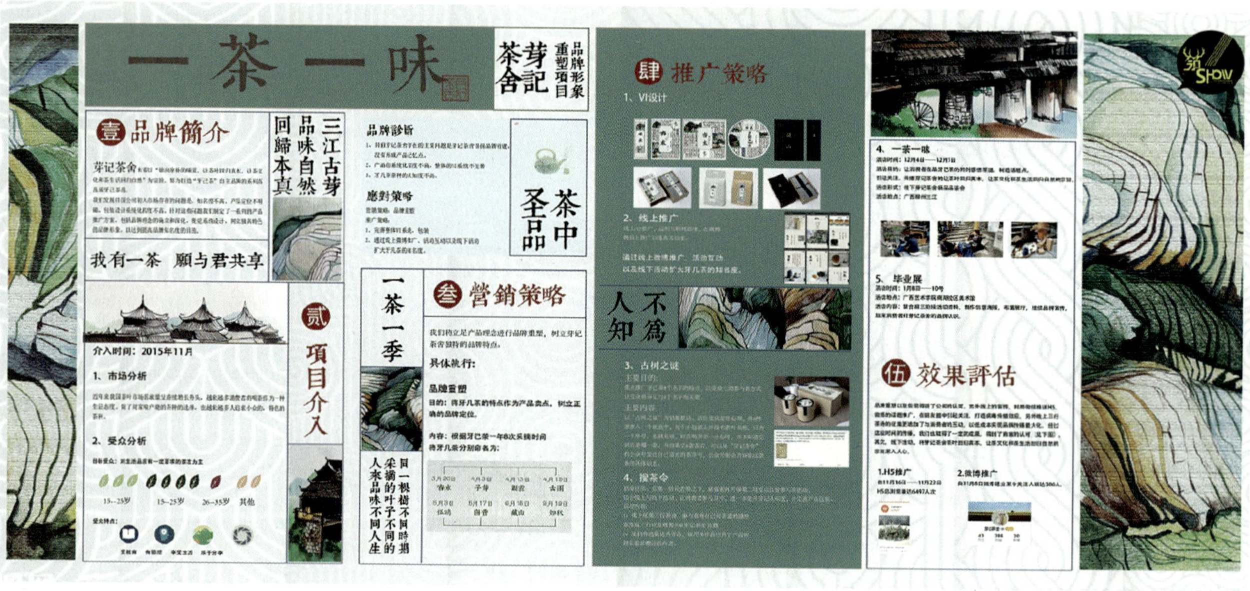
一茶一味
芽記茶舍
品牌形象重塑項目
壹 品牌簡介
三江古芽 品味自然 回歸本真
我有一茶 願与君共享
贰 項目介入
介入时间：2015年11月
1、市场分析
2、受众分析
品牌診析
應對策略
茶中圣品
一茶一季
叁 營銷策略
具体执行：
品牌重塑
肆 推广策略
1、VI设计
2、线上推广
人不知 不爲
3、古树之谜
4、撸茶令
4、一茶一味
5、毕业展
伍 效果評估
1.H5推广
2.微博推广

战略地图